DE L'IMPOT

SUR LES

VOITURES ET LES CHEVAUX

COMMENTAIRE

DE LA LOI DU 2 JUILLET 1862

remise en vigueur par la loi du 16 Septembre 1871.

ASSIETTE ET RECOUVREMENT DE L'IMPOT

RÉCLAMATIONS DES CONTRIBUABLES

NOUVELLE ÉDITION

AUGMENTÉE DE NOTES, DE SOLUTIONS ADMINISTRATIVES
ET D'UN RÉSUMÉ DANS UN ORDRE MÉTHODIQUE DES ARRÊTS RENDUS PAR LE CONSEIL D'ÉTAT
A LA SUITE DE L'APPLICATION DE LA LOI DU 2 JUILLET 1862

PAR

J.-E. ISOARD

Sous-Chef de Bureau à la Direction Générale des Contributions directes

PRIX : 2 FRAN.

PARIS

PAUL DUPONT
LIBRAIRE-ÉDITEUR
41, rue Jean-Jacques Rousseau, 41

E. LACHAUD
LIBRAIRE-ÉDITEUR
4, Place du Théâtre-Français, 4

1871

DE L'IMPOT

SUR LES

VOITURES ET LES CHEVAUX

Paris. — Typographie de PAUL DUPONT, rue Jean-Jacques-Rousseau, 41.

DE L'IMPOT

SUR LES

VOITURES ET LES CHEVAUX

COMMENTAIRE

DE LA LOI DU 2 JUILLET 1862, REMISE EN VIGUEUR PAR LA LOI
DU 16 SEPTEMBRE 1871

ASSIETTE ET RECOUVREMENT DE L'IMPOT

RÉCLAMATIONS DES CONTRIBUABLES

NOUVELLE ÉDITION

Augmentée de notes, de solutions administratives et d'un résumé,
dans un ordre méthodique, des arrêts rendus par le conseil d'État à la suite de l'application
de la loi du 2 juillet 1862, etc.

PAR

J.-E. ISOARD

Sous-chef de bureau à la Direction générale des contributions directes.

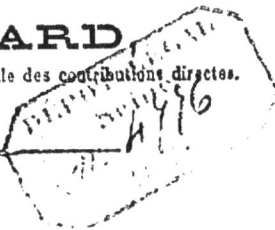

PARIS

PAUL DUPONT
Libraire-Éditeur
41, RUE JEAN-JACQUES-ROUSSEAU

E. LACHAUD
Libraire-Éditeur
4, PLACE DU THÉATRE-FRANÇAIS, 4

1871

PRÉFACE

La loi du 16 septembre 1871 vient de remettre en vigueur, dans toutes ses dispositions, celle du 2 juillet 1862 concernant l'impôt sur les voitures et les chevaux. Nous avions publié, à la suite de la promulgation de la loi de 1862, un commentaire pratique de ces dispositions. En raison de notre qualité d'agent de l'administration des contributions directes, nous n'avions pas cru devoir attacher notre nom à cette publication, qui parut sous le voile de l'anonyme. Cette réserve nous était commandée par cette considération que la publication dont il s'agit était livrée au public avant que l'Administration n'eût elle-même adressé à ses agents ses instructions sur la matière, et que nous pouvions craindre de voir les dispositions de la loi interprétées par elle différemment que par nous. Lorsque ces instructions parurent (31 octobre 1862), nous eûmes la bonne fortune de constater que, sur tous les points, nos interprétations se trouvaient confirmées par celles de l'Administration.

En offrant aujourd'hui au public une nouvelle édition de cette publication, nous n'avons donc aucune modification à faire subir à notre commentaire, sauf pour deux ou trois cas sur lesquels la jurisprudence du conseil d'État a différé de nos appréciations et dont la solution a été présentée dans le sens de cette jurisprudence.

Nous complétons cette publication par des annotations et des solutions empruntées aux instructions de l'administration des contributions directes, et par un résumé des arrêts rendus par le conseil d'État sur les affaires soumises à sa juridiction à la suite de l'application de la loi du 2 juillet 1862, arrêts présentant la solution de quatre-vingt-neuf espèces différentes, classées dans un ordre méthodique, avec l'indication, pour chaque espèce, de la date des décisions, du nom des individus et des départements qu'elles concernent. Enfin nous la faisons suivre d'un exposé des considérations qui ont déterminé le conseil d'État dans la solution des questions non moins difficiles que délicates sur lesquelles il a été appelé à statuer. Cette étude intéressante qui jette un véritable jour sur l'esprit des arrêts, est l'œuvre de M. Aucoc, ancien maître des requêtes au conseil d'État, qui l'a publiée, en avril 1864, dans l'*Ecole des Communes*.

Paris, le 25 septembre 1871.

ISOARD.

IMPOT

SUR LES

VOITURES & LES CHEVAUX

~~~~~~~~~~~~~~

PRINCIPE ET CARACTÈRES DE L'IMPOT

L'idée de soumettre à l'impôt les chevaux et les voitures de luxe remonte aux premières années de la Révolution française. Dès 1791, les mulets et les chevaux avaient été compris parmi les éléments de l'impôt personnel et mobilier. Plus tard, la loi du 25 juillet 1795 ajouta aux signes déjà imposés de la richesse mobilière plusieurs autres signes qui donnèrent lieu à autant de taxes différentes, au nombre desquelles prit naissance l'impôt sur les voitures et les litières. La plupart de ces impôts n'eurent qu'une durée éphémère, car ils furent abrogés par la loi du 14 thermidor an V. Mais l'impôt sur les voitures et les chevaux fut, au contraire, l'objet d'un remaniement qui eut pour effet d'élever la taxe et de la rendre progressive, dans la même commune, de proportionnelle qu'elle était auparavant. Celui qui, par exemple, avait plusieurs voitures, fut taxé à 24 francs pour la première voiture, à 48 francs pour la seconde, à 72 francs pour

la troisième, ainsi de suite, en augmentant de 24 francs la taxe
de chaque voiture en sus. Dans ces conditions, l'impôt avait
évidemment tous les caractères constitutifs d'un impôt somptuaire. Ce fut là sa condamnation. A une époque où la richesse
avait disparu ou se dissimulait le plus possible, sous l'empire
des circonstances politiques, le moment était mal choisi pour
l'atteindre dans ses manifestations. Aussi l'impôt ne donnait-il
qu'un produit illusoire. Il fut néanmoins maintenu jusqu'à la promulgation de la loi du 24 avril 1806, qui le fit disparaître de
notre législation en même temps que l'impôt sur les domestiques,
qui avait, comme lui, surnagé jusqu'alors au naufrage des
autres taxes somptuaires. La suppression de ces impôts fut mo-
tivée par le désir qu'avait le gouvernement de favoriser la renais-
sance du luxe, si longtemps comprimé par la terreur ou par
l'exil. Cette mesure était d'une bonne politique, ne fût-ce que
pour ne négliger aucun moyen pouvant concourir au résultat désiré.

Depuis lors, l'impôt sur les voitures et les chevaux avait été
établi chez plusieurs nations voisines, où il fonctionnait parfai-
tement. L'exemple était séduisant. Aussi, à diverses époques,
chaque fois que la situation financière de la France a fait pres-
sentir la nécessité d'augmenter les ressources du Trésor, la
question du rétablissement de cet impôt s'est-elle naturelle-
ment offerte aux esprits. Mais le témoignage d'un premier in-
succès, joint à la répulsion qu'inspire à la plupart de nos légis-
lateurs le souvenir de nos anciennes taxes somptuaires, avait
fait écarter tous les projets.

Hâtons-nous de le dire, en reprenant sa place dans notre
législation, une première fois par la loi de finances du 2 juillet
1862, et en dernier lieu par la loi du 16 septembre 1871, l'impôt
dont il s'agit n'est plus la taxe somptuaire d'autrefois, grâce à
la manière dont il est établi, car un impôt emprunte son caractère moins des objets qui lui servent de base que de l'économie

de la loi qui le régit. C'est ce que nous allons essayer de prouver,
en même temps que nous développerons les motifs qui nous
paraissent de nature à justifier l'impôt à tous les points de vue.

Chacun doit contribuer aux charges de l'État dans la mesure
de ses facultés. Ce principe, inscrit dans notre constitution,
comme il l'avait été dans toutes nos chartes depuis la révolution
de 1789, ne pourrait recevoir sa sanction complète qu'en préle-
vant sur chaque Français un impôt de tant pour cent de son
revenu net. Mais comment constater ce revenu si difficilement
saisissable dans bien des cas, sans employer des moyens inqui-
sitoriaux que réprouveraient nos mœurs ? Le problème est encore
à résoudre, et nous ne pensons pas qu'il soit facilement réali-
sable. Il s'agirait, dans tous les cas, d'une mesure radicale ; or,
en matière d'impôts, les mesures radicales sont dangereuses
dans un pays comme la France, où les passions sont si promptes
à s'exalter. Par conséquent, le plus sage parti à suivre, c'est de
s'en tenir au système d'impôts que nous avons, sauf à l'améliorer
et à le compléter peu à peu, de manière à se rapprocher, le
plus possible, mais successivement et sans secousses, du principe de l'égalité proportionnelle inscrit dans notre constitution.

Cela posé, examinons comment l'impôt sur les voitures et les
chevaux, loin de violer ce principe, tend au contraire à le sanc-
tionner.

Notre système d'impôts directs se compose de quatre contributions : les contributions foncière, des patentes, personnelle et
mobilière, et des portes et fenêtres, dont le but est de frapper
proportionnellement les revenus immobiliers, industriels et
mobiliers. Les contributions foncière et des patentes, la contribution foncière surtout, renferment dans leur économie tous les
éléments essentiels et constitutifs des impôts proportionnels, de
telle sorte que, jusqu'à un certain point et sauf amélioration
dans les détails, il n'est pas impossible d'atteindre chaque pro-

priétaire au prorata de ses revenus immobiliers et chaque patentable au prorata de ses revenus industriels. Quant aux revenus mobiliers, les contributions personnelle et mobilière et des portes et fenêtres sont impuissantes à les faire participer aux charges publiques dans une mesure proportionnelle. D'abord, la taxe personnelle est égale pour tous les habitants d'une même commune et ne participe du principe de la proportionnalité qu'en ce sens que le taux de la taxe varie de commune à commune, en raison du prix de la journée de travail. La contribution mobilière a pour unique base le loyer de l'habitation, sans égard pour les meubles, de telle sorte qu'elle serait plus judicieusement appelée impôt d'*habitation* qu'impôt *mobilier*. Or, les petites et les moyennes habitations étant l'objet d'une plus grande concurrence que les habitations importantes réservées aux grandes fortunes, les premières atteignent, dès lors, une valeur locative relativement plus élevée que les secondes. Il en résulte que certains individus sont obligés de consacrer à leur habitation, par exemple le quart ou le cinquième de tous leurs moyens d'existence, tandis que d'autres n'y consacreront souvent pas même le dixième de leur revenu. Par conséquent, les petites et les moyennes fortunes participent dans la répartition du contingent mobilier dans une plus grande proportion que les grandes. Au sujet de la contribution des portes et fenêtres, qui est supportée par chacun, puisqu'elle est une charge locative, on se bornera à faire remarquer que l'établissement de la taxe, en raison du nombre des ouvertures, et son uniformité pour toutes les ouvertures d'une même catégorie, quelle que soit leur dimension, constituent encore une charge plus lourde pour les petites et moyennes habitations que pour les grandes, attendu que les premières renferment relativement un plus grand nombre d'ouvertures que les secondes, où généralement on supplée au nombre des ouvertures par leur dimension.

Ce fait étant démontré que les facultés mobilières des contribuables ne sont pas atteintes d'une manière proportionnelle, et que la proportion décroît précisément là où commence la richesse, il me semble qu'un impôt qui tend à rétablir en partie l'égalité, apporte avec lui-même sa justification. Tel est le principe et tels seront les effets de l'impôt sur les voitures et les chevaux dans les conditions où il est établi, c'est-à-dire ayant pour base, non le luxe, mais seulement le superflu, dans celle de ses manifestations peut-être la plus évidente et la plus saisissable.

On est assez généralement disposé à confondre les manifestations du luxe avec celles du superflu. Il existe cependant entre elles une distinction qu'il importe de faire remarquer, car elle a sa valeur dans l'objet qui nous occupe. Un exemple nous paraît de nature à faire saisir cette distinction :

Deux individus, habitants d'une même commune, possèdent, pour leur agrément, un même nombre de voitures et de chevaux, mais les équipages de l'un ont une valeur ordinaire, tandis que ceux de l'autre ont une valeur beaucoup plus considérable. L'entretien de ces équipages étant l'objet d'une dépense annuelle à peu près égale, il s'ensuit que, pour un même résultat, c'est-à-dire pour la manifestation d'un même revenu, ces deux individus ont employé un capital différent. L'exagération, si nous pouvons nous exprimer ainsi, de la valeur capitale des équipages de l'un caractérise le luxe. Les frais annuels qu'occasionnent chacun des deux équipages ne représentent que le superflu. En d'autres termes, le luxe comporte le superflu, tandis que le superflu n'implique pas toujours le luxe. Le premier est une manifestation du capital plutôt qu'une manifestation du revenu. D'où il suit qu'un impôt aura inévitablement le caractère d'un impôt somptuaire, toutes les fois qu'il sera proportionnel au capital, et que réciproquement il n'aura pas ce caractère quand il sera proportionnel au revenu.

L'impôt sur les voitures et les chevaux n'est donc pas un

impôt sur le luxe, puisque la taxe n'est pas établie sur la valeur capitale des éléments servant de base à l'impôt, mais sur le nombre de ces éléments, et qu'elle est graduée en raison de la population des communes, c'est-à-dire d'après un tarif proportionnel, en définitive, à la dépense annuelle ou revenu que suppose l'entretien des voitures et des chevaux. Cela nous semble justifier ce que nous disions plus haut, à savoir : qu'un impôt emprunte son caractère des dispositions économiques de la loi qui le régit, et non de la nature des objets qui servent d'éléments à la taxe. Aussi s'expose-t-on à d'étranges contradictions quand on discute de sentiment sur le caractère d'un impôt, sans s'être bien rendu compte de son mode d'application. C'est ainsi que, lors de la discussion de la loi concernant l'impôt dont il s'agit, l'on a pu entendre un orateur reprocher à l'impôt d'être somptuaire, et, dans un de ses arguments pour le faire repousser, lui reprocher en même temps de n'être pas proportionnel à la valeur des objets soumis à la taxe. Mais c'est précisément si ce vœu avait été admis que l'impôt serait devenu véritablement somptuaire, parce qu'il aurait été basé sur le capital; tandis qu'en réglant la taxe sans égard pour la valeur des voitures et des chevaux, et en la graduant d'après un tarif proportionnel à la dépense annuelle ou revenu manifesté, la loi du 2 juillet 1862 a imprimé à l'impôt un caractère analogue à celui qui préside à l'organisation de tout notre système d'impôts, si ce n'est, toutefois, que le nouvel impôt se perçoit plus spécialement sur le superflu, ce qui n'est pas le moindre de ses avantages.

Quant aux craintes si souvent manifestées de voir certaines industries atteintes dans leur prospérité par l'établissement de cet impôt, elles doivent disparaître en présence de cette double circonstance que les voitures attelées sont seules imposables, et que la taxe est tellement modérée qu'elle ne représente que le cinquantième environ de la dépense qu'entraîne annuellement la possession d'un nombre quelconque de voitures et de chevaux passibles de la taxe, ainsi que l'a judicieusement fait remarquer M. Vuitry, pendant la discussion de la loi. On ne saurait sérieusement craindre, en effet, que celui qui consacre, par exemple, une somme de 5,000 francs à cet objet d'agrément, puisse songer à s'en priver parce qu'il lui en coûtera 100 francs de plus.

L'impôt dont il s'agit ne présente donc aucun des inconvénients que ses adversaires lui reprochaient. Il est, en outre, à quelque point de vue qu'on se place, un impôt véritablement réparateur, car, soit qu'on le considère comme un impôt *sui generis*, soit qu'on le considère comme complément de la contribution mobilière, son rôle est d'appeler les revenus mobiliers à une plus équitable participation aux charges publiques. Si l'on veut voir en lui un impôt de consommation, ce qui n'a rien de déraisonnable, bien que son mode de perception diffère de celui adopté à l'égard des impôts de cette nature, il est facile de démontrer qu'à ce point de vue encore il fait disparaître une frappante inégalité.

Il existe, en effet, sur les voitures publiques comme sur les voitures à volonté, indépendamment de la patente à laquelle sont assujettis leurs exploitants, un impôt, un droit de circulation, perçu par l'administration des contributions indirectes, et qui est réglé en raison du nombre et du prix des places que comportent lesdites voitures. Il est bien évident que cet impôt est, en définitive, supporté par le consommateur, et que, dès lors, il a avec celui qui nous occupe une analogie qui ne saurait échapper à personne. Or donc, si celui qui n'a ni chevaux ni voitures, paye un droit de circulation, lorsqu'il est obligé de louer une voiture pour se rendre à ses affaires ou à ses plaisirs, n'est-il pas juste d'exiger un droit analogue de celui qui, pour le même objet, se sert de ses propres voitures et chevaux?

L'observation qui précède est de M. Vuitry. Elle n'en a que

plus de valeur, et nous ne pouvions mieux faire que de terminer cette partie de notre travail en nous appuyant sur une pareille autorité.

LOI

ÉTABLISSANT UN IMPOT SUR LES VOITURES & LES CHEVAUX

(Extrait de la Loi de Finances du 2 Juillet 1862.)

Art. 4. — A partir du 1er janvier 1863, il sera perçu une contribution annuelle, pour chaque voiture attelée et pour chaque
cheval affecté au service personnel du propriétaire ou au service
de sa famille.

Art. 5. — Cette contribution sera établie d'après le tarif
suivant :

VILLES, COMMUNES OU LOCALITÉS dans lesquelles LE TARIF EST APPLICABLE.	SOMME A PAYER non compris le fonds de non-valeur pour chaque		
	VOITURE		CHEVAL de selle ou d'attelage.
	à 4 roues.	à 2 roues.	
Paris....................	60 fr.	40 fr.	25 fr.
Les communes autres que Paris ayant plus de 40,000 âmes de po-pulation...............	50	25	20
Les communes de 20,001 âmes à 40,000 âmes............	40	20	15
Les communes de 3,001 âmes à 20,000 âmes.............	25	10	10
Les communes de 3,000 âmes et au-dessous................	10	5	5

Art. 6. — Les voitures et les chevaux qui seront employés en partie pour le service du propriétaire ou de la famille, et en partie pour le service de l'agriculture ou d'une profession quelconque donnant lieu à l'imposition d'une patente, ne seront point passibles de la taxe.

Art. 7. — Ne donnent pas lieu au payement de la taxe :

1° Les chevaux et voitures possédés en conformité des règlements du service militaire ou administratif, et par les ministres des différents cultes ;

2° Les juments et étalons exclusivement consacrés à la reproduction ;

3° Les chevaux et voitures exclusivement employés aux travaux de l'agriculture ou d'une profession quelconque donnant lieu à l'application de la patente.

Art. 8. — Il sera attribué aux communes un dixième du produit de l'impôt établi par l'article 4 qui précède, déduction faite des cotes ou portions de cotes dont le dégrèvement aura été accordé.

Art. 9. — La contribution établie par l'article 4 précité est due pour l'année entière, en ce qui concerne les faits existants au 1er janvier.

Dans le cas où, à raison d'une résidence nouvelle, le contribuable devient passible d'une taxe supérieure à celle à laquelle il a été assujetti au 1er janvier, il ne doit qu'un droit complémentaire égal au montant de la différence.

Art. 10. — Si le contribuable a plusieurs résidences, il sera, pour les chevaux et les voitures qui le suivent habituellement, imposé dans la commune où il est soumis à la contribution personnelle, conformément à l'article 13 de la loi du 21 avril 1832 ;

mais la contribution sera établie suivant la taxe de la commune dont la population est la plus élevée. Pour les chevaux et les voitures qui restent habituellement attachés à l'une de ces résidences, le contribuable sera imposé dans la commune de cette résidence et suivant la taxe afférente à la population de cette commune.

Art. 11. — Les contribuables sont tenus de faire la déclaration des voitures et des chevaux à raison desquels ils sont imposables, et d'indiquer les différentes communes où ils ont des habitations, en désignant celles où ils ont des éléments de cotisation en permanence.

Les déclarations sont valables pour toute la durée des faits qui y ont donné lieu ; elles doivent être modifiées dans le cas de changement de résidence hors de la commune ou du ressort de la perception, et dans le cas de modifications survenues dans les bases de cotisation.

Les déclarations seront faites ou modifiées, s'il y a lieu, le 15 janvier, au plus tard, de chaque année, à la mairie de l'une des communes où les contribuables ont leur résidence.

Si les déclarations ne sont pas faites dans le délai ci-dessus, ou si elles sont inexactes ou incomplètes, il y sera suppléé d'office par le contrôleur des contributions directes, qui est chargé de rédiger, de concert avec le maire et les répartiteurs, l'état-matrice destiné à servir de base à la confection du rôle.

En cas de contestation entre le contrôleur, le maire et les répartiteurs, il sera, sur le rapport du directeur des contributions directes, statué par le préfet, sauf référé au ministre des finances, si la décision était contraire à la proposition du directeur, et, dans tous les cas, sans préjudice pour le contribuable du droit de réclamer après la mise en recouvrement du rôle.

Art. 12. — Les taxes seront doublées pour les voitures et les

2

chevaux qui n'auront pas été dé.larés ou qui auront été déclarés d'une manière inexacte.

Art. 13 — Il est ajouté à l'impôt cinq centimes par franc pour couvrir les décharges, réductions, remises ou modérations, ainsi que les frais de l'assiette de l'impôt et ceux de la confection des rôles, qui seront établis, arrêtés, publiés et recouvrés comme en matière de contributions directes.

En cas d'insuffisance, il sera pourvu au déficit par un prélèvement sur le montant de l'impôt.

COMMENTAIRE

DE LA LOI DU 2 JUILLET 1862

CONCERNANT L'IMPOT SUR LES VOITURES ET LES CHEVAUX

Ce qu'il faut entendre par voitures ATTELÉES.

1. — Il résulte de l'exposé des motifs du projet de loi, et le
bon sens indique, d'ailleurs, qu'il ne faut considérer comme voitures *attelées,* que celles qui pourraient rouler simultanément, à
l'aide des chevaux d'attelage affectés par le propriétaire au service de sa personne ou à celui de sa famille. D'où il suit que le
nombre des voitures passibles de la taxe est subordonné au
nombre imposable des chevaux d'attelage possédés par le propriétaire; ce qui ne veut pas dire, toutefois, que celui qui aurait
un nombre de voitures égal au nombre de ses chevaux d'attelage
fût imposable pour toutes ses voitures. Il est évident, en effet,
qu'il y a lieu de tenir compte du nombre de chevaux que le propriétaire est dans l'usage d'atteler à ses diverses voitures. Ce
nombre ne devra pas, toutefois, excéder deux, pensons-nous,
les attelages au delà de deux chevaux ne constituant jamais un
fait habituel.

Quelques exemples nous paraissent nécessaires pour bien
faire comprendre l'explication qui précède.

Supposons, pour éviter des répétitions inutiles, des individus
ayant un nombre indéterminé de voitures; voici, à notre avis,

quel est, selon les cas, le nombre des voitures passibles de la taxe :

1° Celui qui ne possède qu'un cheval ne peut être imposé que pour une voiture ;

2° Celui qui possède deux chevaux est imposable pour deux voitures, si les deux chevaux sont habituellement attelés isolément, et pour une voiture seulement, si les deux chevaux forment habituellement un attelage ;

3° Celui qui possède trois chevaux doit la taxe pour trois voitures, s'il est dans l'usage de ne mettre qu'un seul cheval à chaque voiture. Dans le cas contraire, il ne saurait être imposable pour moins de deux voitures ;

4° Si, en un mot, nous supposons des individus possédant un nombre indéterminé de chevaux, comme nous les avons supposés ayant un nombre indéterminé de voitures, nous pensons qu'il faut les imposer à raison d'une voiture par chaque paire de chevaux formant habituellement un seul attelage et d'une voiture pour chaque cheval habituellement attelé seul.

Il faut être PROPRIÉTAIRE des voitures et chevaux pour être imposable.

2. — La première condition pour être passible de l'impôt, c'est d'être *propriétaire* des voitures et chevaux. Cela résulte clairement des termes de l'article 1, où l'emploi du mot *propriétaire* exprime évidemment l'idée de possession des objets soumis à la taxe et non pas le sens qui s'attache à la qualité de propriétaire prise dans l'acception qui correspond à l'idée de la propriété en général.

Il suit de là qu'il n'y a lieu d'assujettir à aucune taxe les individus qui, n'étant propriétaires ni de chevaux ni de voitures, en prennent en location au mois ou à l'année, quand même les voitures ou les chevaux seraient remisés, pendant toute la durée de la location, dans les dépendances de leur propre habitation. Pour que les voitures et les chevaux loués dans ces conditions fussent passibles de la taxe, il aurait fallu une disposition spéciale. Or, cette disposition, qui avait été proposée dans le projet primitif élaboré par le conseil d'État, n'a pas été reproduite dans la loi. Il s'agissait, d'ailleurs, d'imposer le loueur et non le locataire, ce qui est une nouvelle preuve que le législateur n'a jamais voulu soumettre à l'impôt que les *propriétaires* des voitures et des chevaux (1).

Toutefois, celui qui est propriétaire d'une voiture, sans être propriétaire de chevaux d'attelage, doit néanmoins être considéré comme ayant une voiture *attelée* dans le sens de la loi, quand il l'attelle *habituellement* à l'aide de chevaux de louage ou d'emprunt.

Application du Tarif.

3. — L'application du tarif établi par l'article 5 ne saurait présenter la moindre difficulté, du moment où le nombre impo-

_____

(1) L'administration des contributions directes a pensé cependant qu'il y avait lieu d'imposer les chevaux et les voitures affectés au service de la famille que des parents, des amis ou des particuliers auraient mis, même à titre gratuit, à la disposition d'une personne pour en jouir comme le propriétaire, ainsi qu'on jouit, par exemple, des meubles d'une maison louée en garni. (Instruction du 31 octobre 1862.)

Il semble, en effet, qu'il n'est pas admissible que l'on exempte de la taxe des voitures et des chevaux employés dans les conditions dont il s'agit. Mais dans ce cas, qui, du reste, doit ne se produire que bien rarement, il convient, selon nous, d'établir la taxe au nom du *véritable propriétaire;* car, ainsi que nous l'avons dit ci-dessus, la condition d'être propriétaire des éléments imposables est absolument exigée par la loi.

sable des voitures à quatre roues, des voitures à deux roues et des chevaux de selle ou d'attelage, possédés dans une même commune par le même contribuable, aura été déterminé. Des difficultés ne pourraient surgir, tout au plus, que dans le cas de pluralité de résidences, par suite de l'application de l'article 10 dont nous nous occuperons plus loin.

Toutefois, comme les dispositions les plus claires, en matière de législation, sont souvent interprétées de plusieurs manières, il n'est peut-être pas tout à fait inutile d'aller au devant d'une fausse interprétation que pourrait faire naître l'expression de voiture *attelée*, au point de vue de l'application de la taxe. On pourrait conclure, de ce qu'une voiture n'est imposable qu'autant qu'elle est attelée, que la taxe établie sur cette voiture embrasse tout l'attelage, voiture et cheval ou chevaux. Cela ne serait pas admissible. L'expression de voiture *attelée* n'a d'autre portée que de qualifier le signe auquel on reconnaît qu'une voiture est imposable. Mais quand il s'agit d'appliquer la taxe, il faut isoler la voiture des chevaux et les soumettre à l'impôt, chacun séparément. Ainsi, à Paris, une voiture à quatre roues, attelée de de deux chevaux, donne lieu aux taxes suivantes :

1° Voiture . . . . 60 fr.

2° Deux chevaux d'attelage, à 25 francs chaque. 50 »

TOTAL. . . . . 110 fr.

Chevaux imposables sans limite d'âge.

4. — La loi n'a établi aucune limite d'âge à l'égard des chevaux ; par conséquent on doit imposer, sans égard à l'âge, tout cheval de selle ou d'attelage habituellement utilisé, lorsque, d'ailleurs, il ne rentre pas dans l'une des exceptions édictées par la loi. Mais lorsqu'un cheval sera trop jeune pour remplir réellement un service, et qu'il ne sera attelé ou monté que d'une

manière accidentelle, dans un but de dressage, il n'y aura pas
lieu de l'imposer.

Voitures et chevaux employés exclusivement, ou en partie, pour le service de l'agriculture ou d'une profession sujette à patente.

5. — D'après les articles 6 et 7, ne sont point passibles de
la taxe : 1° les voitures et chevaux employés *exclusivement*
pour le service de l'agriculture ou d'une profession sujette à
patente ; 2° ni même ceux qui ne seraient employés qu'*en partie*
à l'un de ces usages.

Pour se rendre compte du sens de cette dernière disposition,
il importe de bien se pénétrer de l'esprit général de la loi,
c'est-à-dire du but de l'impôt. Ce but est d'atteindre toutes les
voitures attelées et tous les chevaux qui sont pour leur propriétaire un objet d'agrément, une manifestation du superflu.
Les voitures et les chevaux possédés pour les besoins de
l'agriculture ou d'une profession ne sauraient avoir ce caractère, alors même que le propriétaire les utiliserait également
pour son agrément personnel ou pour celui de sa famille, car il
est évident que la possession de ces objets est, en pareil cas,
la conséquence d'une nécessité et non précisément un signe
du superflu.

Mais lorsque les voitures et les chevaux sont évidemment un
objet habituel d'agrément et non un instrument nécessaire à
l'exercice de la profession, et que ce n'est qu'accidentellement,
fortuitement qu'ils sont utilisés sous ce dernier rapport, nous
pensons que, dans ce cas, il y a lieu d'appliquer la taxe. C'est
également dans ce sens que l'article 6 nous paraît devoir être
interprété, en ce qui concerne la voiture ou le cheval d'agrément
fortuitement employé à un service agricole. Cette interprétation
résulte, au surplus, des explications données sous forme d'ex-

posé des motifs, par M. Segris, rapporteur de la Commission
du budget, dans la séance du Corps législatif du 25 juin 1862.

En un mot, les chevaux et les voitures dont le propriétaire
se sert pour lui ou pour sa famille, ne nous paraissent devoir
être affranchis de l'impôt que lorsque leur affectation partielle
au service d'une profession ou à celui de l'agriculture a un
caractère habituel.

**Exemples concernant l'exemption des chevaux et voitures
de PATENTABLES ou d'agriculteurs.**

6. — Prenons d'abord l'exemple du *boulanger*, cité par
M. Segris. Nous copions textuellement dans le *Moniteur* :
« Le boulanger qui a une voiture suspendue sur ressorts pour
« voiturer du pain qu'il vend à ses pratiques, et qui se servira
« parfois de la même voiture pour conduire le dimanche sa
« famille à la campagne, ne payera pas l'impôt. »

Il en sera de même de toute voiture, quelle que soit sa forme,
qui servira à voiturer des objets de n'importe quel commerce.
Mais ce n'est pas dans des cas semblables qu'il pourra jamais
y avoir hésitation sur la question de savoir s'il y a lieu ou non
d'appliquer la taxe, car il est bien évident « que le cheval et
« la voiture sont ici l'instrument habituel et nécessaire du
« commerce exercé, et que l'usage qui en est fait accidentelle-
« ment pour le transport du propriétaire et de sa famille ne
« peut en dénaturer le véritable caractère. »

Nous ne pensons pas non plus qu'il y ait lieu d'imposer la
voiture suspendue sur ressorts, cabriolet ou voiture quelconque, à laquelle un cultivateur attellera habituellement, pour aller
aux marchés et foires des environs dans un intérêt agricole, et
dans l'occasion pour se rendre à ses plaisirs, un cheval servant
ordinairement à l'agriculture. Dans l'espèce, la voiture semble

devoir jouir de l'exemption, même dans le cas où elle ne serait qu'un pur objet de luxe.

L'exemption n'est pas seulement acquise, en effet, aux voitures et chevaux servant à des travaux proprement dits, agricoles ou industriels; elle peut, dans certains cas, s'appliquer à des voitures et chevaux exclusivement affectés au transport des personnes. Ainsi, par exemple, celui qui exerce un commerce ou une profession de telle nature ou dans de telles conditions que l'usage de la voiture ou du cheval devienne en quelque sorte indispensable pour le transport de sa personne, ne saurait être imposable pour les voitures et les chevaux employés par lui dans ces conditions, alors même que, dans l'occasion, il ferait servir lesdits chevaux et voitures, pour lui ou pour sa famille, à un usage étranger à l'exercice de son commerce ou de sa profession.

Le *boucher*, le marchand de *bestiaux*, qui se rendent souvent d'une commune à l'autre chez les éleveurs ou dans les foires et marchés, soit pour acheter, soit pour vendre les objets de leur commerce; le marchand de *laines*, le marchand de *grains*, lorsqu'ils sont dans l'usage de parcourir les campagnes ou de fréquenter les marchés des villes voisines; les *voyageurs de commerce*, à la condition qu'ils voyagent pour leur propre compte et pour le service d'une profession à raison de laquelle ils sont personnellement patentés; l'*huissier* que son ministère appelle fréquemment au dehors; le *vétérinaire*, le *médecin* et le *notaire*, sauf certains cas que nous croyons devoir réserver et que nous exposerons plus loin, tous ces individus paraissent devoir être exemptés de la taxe en ce qui concerne les voitures et les chevaux employés par eux en partie à l'exercice de leur commerce ou de leur profession et en partie aux usages ordinaires de la vie.

Cas dans lesquels les voitures et chevaux de patentables ou d'agriculteurs paraissent être imposables.

7. — Le cultivateur qui, en dehors des chevaux nécessaires aux besoins de son exploitation, possède, pour le service habituel de sa personne ou de sa famille, un cheval qu'il n'emploie pas d'ailleurs à des travaux agricoles, paraît devoir être soumis à l'impôt pour ce cheval et pour une voiture, s'il y a lieu, lors même qu'il se servirait de son cheval et de sa voiture pour aller au marché dans l'intérêt de ses affaires agricoles. La raison en est, selon nous, toute naturelle : c'est qu'il pourrait tout aussi bien se servir, pour ses plaisirs et pour ses affaires, d'un de ses chevaux de culture comme le fait le cultivateur, son voisin, dont l'exploitation est la même que la sienne, au lieu d'avoir un cheval spécialement affecté à cet usage. Dans l'espèce, la voiture et le cheval sont évidemment pour lui un objet essentiellement d'agrément, une manifestation du superflu, au même titre que les voitures et chevaux possédés par d'autres individus non cultivateurs, par des rentiers, par exemple, et dont ceux-ci se servent également pour leurs affaires, non moins que pour leurs plaisirs.

Cas où les MÉDECINS et les NOTAIRES paraissent passibles de la taxe.

8. — Nous avons dit ci-dessus que la voiture ou le cheval sont ordinairement un instrument en quelque sorte indispensable à l'exercice de certaines professions. Ces professions peuvent néanmoins être exercées quelquefois dans des conditions telles qu'elles excluent la nécessité et même l'utilité de la voiture et du cheval.

Un notaire, par exemple, qui est domicilié dans une grande

ville, n'est jamais appelé ou n'est que très-accidentellement appelé à exercer son ministère en dehors de sa résidence. Il reçoit ses actes dans son étude ou quelquefois à la chambre des notaires, quand il s'agit d'adjudications, comme cela se pratique à Paris. Dira-t-on que l'équipage, possédé par un notaire qui se trouve dans ces conditions, est un instrument nécessaire ou même utile à l'exercice de sa profession, parce qu'il s'en servira fortuitement pour aller recevoir un testament ou faire signer un acte de mariage? Cela ne nous paraîtrait pas soutenable. Il est évident qu'en pareil cas, les voitures et les chevaux sont essentiellement des objets d'agrément, et que si, à un jour donné, ils sont utilisés dans l'exercice de la profession, cela ne constitue qu'un fait purement accidentel qui ne saurait donner lieu à l'exception prévue par l'article 6, car, s'il en était autrement, il n'y aurait aucune raison pour ne pas exempter également l'équipage dont se sert l'agent de change, le banquier ou l'industriel pour aller à la Bourse, et l'avocat pour se rendre au Palais, ce qui serait certainement contraire à l'esprit de la loi.

Quant aux *médecins*, il n'est pas douteux que leur profession comporte le plus souvent la nécessité d'une voiture et même de plusieurs voitures, soit qu'ils aient une clientèle de campagne, soit qu'ils aient une nombreuse clientèle dans l'intérieur d'une ville; mais il ne s'ensuit pas que tous les médecins soient exempts de la taxe. Certains d'entre eux se bornent à donner des consultations dans leur cabinet; d'autres tiennent une maison de santé; ceux-là, ne se rendant à domicile que d'une manière tout à fait accidentelle, sont, à notre avis, imposables pour leur chevaux et voitures.

D'un autre côté, il peut se faire qu'un médecin possède des voitures et des chevaux en nombre supérieur à celui raisonnablement nécessaire à l'exercice de sa profession, eu égard à ses courses habituelles, et que, parmi ces voitures et chevaux,

il y en ait d'essentiellement destinés au service de la famille.
Dans ce cas, nous pensons que les voitures et les chevaux
existant en superflu, doivent être imposés, lors même que le
propriétaire les ferait alterner avec ses autres chevaux et voitures dans le service de sa profession.

Voitures et chevaux possédés par les ministres des différents cultes.

9. — La loi a formulé d'une manière absolue l'exemption de
la taxe en faveur des ministres des différents cultes. Dès lors,
le bénéfice de l'exemption s'étend dans chaque culte à tous les
degrés de la hiérarchie. Cette interprétation résulte, au surplus, des explications données devant le Corps législatif par
M. Vuitry, au nom du Gouvernement. Mais par ministre du
culte il faut entendre celui qui en exerce les fonctions. Tels
sont les archevêques et les évêques attachés à un diocèse, les
curés et vicaires attachés à une paroisse, etc. Quant aux
ecclésiatiques, aux supérieurs ou directeurs d'une corporation
religieuse, qui ne remplissent pas les fonctions de ministres du
culte, c'est-à-dire ne sont pas fonctionnaires, ils sont imposables pour leurs voitures et chevaux.

Chevaux et voitures possédés en conformité des règlements du service militaire ou administratif.

10. — Un fonctionnaire civil ou militaire est exempt de la
taxe pour les chevaux et les voitures qu'il possède en conformité d'un règlement. Mais un officier ou tout autre agent du
service militaire qui aurait plus de chevaux que son grade ne
comporte de rations de fourrage (1), doit être soumis à la taxe

_____

(1) Les officiers d'état-major des *divisions actives dans l'intérieur* ont

à raison du nombre de chevaux possédés en supplément, de même qu'il doit y être soumis à raison de chaque voiture attelée qu'il ne possède pas en vertu d'un règlement.

La même observation s'applique au fonctionnaire civil. S'il ne possède que les chevaux et les voitures exigés par les règlements, il ne doit pas être imposé pour ces objets ; mais du moment où il posséderait un nombre de chevaux et de voitures supérieur au nombre réglementaire, il deviendrait imposable pour chaque cheval et chaque voiture possédés en supplément.

Quant au fonctionnaire civil ou militaire à qui les règlements ne prescrivent pas d'avoir de voiture, mais seulement un cheval ou des chevaux, il est passible de la taxe pour la voiture ou les voitures qu'il possède, alors même qu'il y attelle seulement le cheval ou les chevaux réglementaires.

Juments et étalons.

11. — L'article 7 exempte de la taxe les juments et les étalons *exclusivement* consacrés à la reproduction. Cette disposition ne permet pas d'équivoque. Il est clair qu'il ne suffit pas, pour motiver l'exemption, que la jument ou l'étalon soient habituellement consacrés à la reproduction, il faut qu'ils servent à cet usage d'une manière *exclusive*. Du moment où ils seraient également employés au service de la personne du propriétaire

---

droit à une ration de fourrages en sus du nombre déterminé pour leur grade sur le pied de paix, à la condition expresse qu'ils seront pourvus du cheval pour lequel cette prestation est accordée. Ces officiers doivent, en conséquence, être exemptés, pour le cheval supplémentaire dont il s'agit, de la contribution sur les voitures et les chevaux. (Circulaire de l'administration des contributions directes, du 7 avril 1863.)

ou à celui de sa famille, ils deviendraient imposables, à moins qu'ils ne fussent en même temps consacrés en partie à un service agricole ou industriel, auquel cas ils rentreraient dans les exceptions prévues par l'article 6.

Annualité de l'impôt.

12. — D'après l'article 9, l'impôt est dû pour l'année entière en ce qui concerne les faits existants au 1er janvier. D'où il suit que le contribuable dont la taxe a été régulièrement établie dans le rôle d'une commune, à raison des voitures et chevaux possédés par lui au 1er janvier, ne serait pas fondé à réclamer contre sa cotisation, par le motif que, postérieurement à ladite époque, il serait survenu des changements dans le nombre ou dans la destination de ses chevaux et voitures, ou qu'il aurait transféré sa résidence dans une commune d'une catégorie de population inférieure à celle à raison de laquelle il a été imposé.

Le principe de l'annualité de l'impôt a été institué par la loi de la manière la plus absolue, sauf dans le cas qui sera expliqué dans le chapitre suivant. Il n'est pas même dérogé à ce principe pour les pertes de matière imposable, survenues par suite d'événements imprévus et indépendants de la volonté du propriétaire. Un événement de cette nature ne pourrait, dès lors, donner lieu qu'à un dégrèvement par la voie gracieuse des remises ou modérations.

Changement de résidence après le 1er janvier.

13. — Lorsqu'un contribuable change de résidence après le premier janvier et que la commune de la nouvelle résidence est d'une catégorie de population plus élevée que l'ancienne, il de-

vient, s'il emmène avec lui ses chevaux et ses voitures, passible d'un supplément de taxe qui nous paraît devoir être réglé à partir du premier mois dans lequel s'est effectué le changement, bien que la loi ne s'explique pas littéralement à cet égard.

Il doit en être ainsi, en effet, attendu que l'impôt est établi comme en matière de contributions directes (voir l'art. 13 de la loi), et que, pour la contribution des patentes, la seule des contributions directes qui donne lieu à des rôles supplémentaires, on opère de la manière que je viens d'indiquer.

Voici un exemple pratique de nature à faire saisir plus complétement l'explication qui précède :

Nous supposons qu'un contribuable, domicilié au 1ᵉʳ janvier dans une commune de 3,000 âmes et au-dessous, passe, dans le courant de février, dans une commune de 3,001 âmes à 20,000 âmes et qu'il emmène avec lui une voiture à 4 roues et 2 chevaux.

Ce contribuable a dû être imposé dans la première commune, pour l'année entière, savoir :

A raison de sa voiture . . . . 10 fr.
— de ses deux chevaux (5 fr. chaque). 10
                                  Total en principal. . . . 20 fr.

Il serait imposable dans la seconde commune, pour l'*année entière*, savoir :

A raison de sa voiture . . . . 25 fr.
— de deux chevaux (10 fr. chaque) 20
                                  Total en principal. . . . . 45 fr.

Mais il ne doit pas pour le premier douzième, qui

est de 3 francs 75 c. A déduire . . . . 3 fr. 75

Reste . . . . 41 fr. 25

Ŗ En ajoutant à ce chiffre de 41 fr. 25 c. le douzième de 20 francs correspondant à la première commune, et représentant la taxe due pour le mois de janvier, soit . . . . 1 fr. 67

On obtient pour le total des droits en principal, pour l'année entière, dans les deux communes . . . 42 fr. 92

Or, le droit de 20 francs, établi dans la première commune, étant acquis à ladite commune en vertu de l'annualité de l'impôt, il y a lieu de déduire cette somme . . . . 20 fr.

Et de n'imposer dans la seconde commune qu'un complément de . . . . 22 fr. 92

On ferait un calcul analogue s'il s'agissait de communes comprises dans d'autres catégories de population, ou si le contribuable avait changé de résidence dans le courant d'un mois autre que celui qui a servi de base à notre calcul.

CONTRIBUABLE AYANT PLUSIEURS RÉSIDENCES

Cas où il se fait suivre habituellement par des voitures et des chevaux.

14. — Lorsqu'un contribuable a plusieurs résidences, il doit, pour les voitures et les chevaux qui le suivent habituellement,

être imposé dans la commune où il est soumis à la contribution personnelle, *conformément à l'article 18 de la loi du 21 avril 1832*, c'est-à-dire dans la commune du domicile réel.

Cette dernière prescription était nécessaire afin de ne pas créer d'incertitude pour le choix de la commune, dans le cas où le contribuable serait imposé à la contribution personnelle dans plusieurs résidences, ce qui a lieu quelquefois, contrairement à la loi, il est vrai, mais du consentement avoué ou tacite des contribuables, ou, du moins, sans réclamation de leur part.

Ainsi le contribuable ne sera pas, à raison des voitures et des chevaux qui le suivent habituellement, indifféremment imposable dans l'une ou l'autre de ses résidences où il se trouverait assujetti à la taxe personnelle ; il le sera dans celle des communes constituant son *domicile réel*.

La commune du domicile réel est, d'après la jurisprudence du conseil d'Etat, celle où l'on fait habituellement le séjour le plus prolongé ; et dans le cas où le contribuable ferait dans chacune de ses résidences un séjour habituel d'égale durée, la commune du domicile réel est celle où il a, selon le cas, sa principale habitation, ses principales propriétés, ou le siège de sa profession ou de son industrie.

Toutefois, bien que l'impôt doive être établi dans la commune du domicile réel et où le contribuable est soumis à la contribution personnelle, la taxe est néanmoins, pour les chevaux et les voitures qui suivent habituellement ledit contribuable, réglée d'après le tarif applicable à celle de ses résidences où la population de la commune est la plus élevée.

Il est presque superflu d'ajouter que la taxe correspondante à la commune dont la population est la plus élevée, doit être établie pour l'année entière, alors même que le contribuable ne s'installerait habituellement dans cette commune, avec ses voitures et chevaux, que postérieurement au 1er janvier, car, dans ce cas, il n'y a pas changement de résidence, puisque la pluralité des résidences est ici un fait habituel, considéré au point de vue de la loi comme un fait permanent.

Cas où le contribuable a des voitures et des chevaux restant habituellement attachés à différentes résidences.

15. — Le contribuable qui a des voitures et des chevaux restant habituellement attachés à diverses résidences n'est plus, comme dans le cas précédent, imposable, à raison de toutes ses voitures et de tous ses chevaux, dans le rôle de la commune où il est soumis à la contribution personnelle ; il doit être imposé, dans le rôle de chacune des communes où il a des résidences, à raison du nombre spécial de voitures et de chevaux habituellement attachés, d'une manière permanente, à chaque résidence, et la taxe doit être réglée, dans chaque commune, d'après le tarif afférent à la population de cette commune.

Explication pratique des dispositions contenues dans les articles 14 et 15 du présent commentaire.

16. — Un contribuable a des résidences dans chacune des communes A, B et C : A, population de 3,000 âmes et au-dessous, B, population de 3,001 à 20,000 âmes, et C, Paris.

Dans la commune A, où il est soumis à la contribution personnelle, *et qui est le lieu de son domicile réel*, il possède 2 voitures à 4 roues, 1 voiture à 2 roues, 5 chevaux d'attelage et 2 chevaux de selle.

Dans la commune B, où nous le supposons imposé par erreur ou de son consentement à la contribution personnelle, il possède en permanence 1 voiture à 2 roues et 1 cheval, et, quand il va séjourner dans ladite commune, il y amène les 2 voitures à 4 roues et 4 chevaux de la commune *A* ;

Dans la commune *G* (Paris), il n'a ni voitures ni chevaux en permanence, mais il s'y fait suivre également, lorsqu'il s'y rend pour son séjour habituel, par les 2 voitures à 4 roues et les 4 chevaux qui le suivent déjà dans la commune *B*.

Conformément à l'article 10 de la loi, ce contribuable doit, pour les 2 voitures et les 4 chevaux dont il s'agit, la taxe afférente à la Ville de Paris.

Voici donc comment les taxes devront être établies dans les diverses communes :

1° AU ROLE DE LA COMMUNE *A* :

Pour 2 voitures à 4 roues (taxe de Paris), 60 francs par voiture. . . . . 120 fr.

Pour 1 voiture à 2 roues (taxe de la commune *A*). .   5

Pour 5 chevaux d'attelage, dont 4 chevaux à 25 fr. chacun (taxe de Paris). 100

Et 1 cheval à 5 francs (taxe de la commune *A*). . .   5

Pour 2 chevaux de selle (taxe de la commune *A*), à raison de 5 francs chacun 10

Total des droits en principal 240

2° AU ROLE DE LA COMMUNE *B* :

Pour 1 voiture à 2 roues (taxe afférente à la population de la commune *B*). . . . . 10 fr.

Pour 1 cheval d'attelage (taxe afférente à la population de la commune *B*).   10

Total en principal . . .   20

3° AU ROLE DE LA COMMUNE *C* (Paris) :

— Néant. —

EXEMPLES FICTIFS donnés par l'administration des contributions directes (Instruction du 31 octobre 1862) **pour l'application des dispositions qui font l'objet des articles 14 et 15 du présent commentaire.**

M. X. a dans la commune A, d'une population de 2,000 âmes, son domicile réel. Il a, dans la même commune, 1 voiture à 2 roues et 2 chevaux y restant en permanence.

Il a une seconde résidence dans la commune B, de 4,000 âmes, avec 1 voiture à 4 roues et 2 chevaux restant habituellement attachés à la résidence.

Il a une troisième résidence dans la commune C, de 21,000 âmes, avec 1 voiture à 4 roues en permanence. Il a dans la même commune une autre voiture à 4 roues et 4 chevaux qui le suivent habituellement dans plusieurs de ses autres résidences.

M. X. est imposé au 1er janvier ainsi qu'il suit :

1° Dans la commune A, lieu de son domicile réel, à 115 francs, savoir :

Pour la voiture à 2 roues restant en permanence dans cette commune, ci. 5ᶠ
Pour les deux chevaux qui y restent également en permanence, à raison de 5 francs par cheval, ci . .   10   ⎫ 15ᶠ

Pour la voiture à 4 roues et pour les 4 chevaux qui le suivent habituellement dans plusieurs résidences, dont l'une est dans la commune C, de 21,000 âmes, à 100 fr., qui se décomposent ainsi :

Une voiture (tarif des communes de 20,001 à 40,000 âmes), ci. 40ᶠ ⎫
⎬ 100
Quatre chevaux (15 francs par cheval d'après le même tarif), ci . . . . 60 ⎭

Total 115

2° Dans la commune B, à raison de la voiture à 4 roues et des 2 chevaux qui y restent en permanence, à 45 francs, qui se décomposent ainsi :

Une voiture (tarif des communes de 3,001 à 20,000 âmes), ci . . . . 25ᶠ ⎫
⎬ 45ᶠ
Deux chevaux (10 francs par cheval d'après le même tarif), ci . . . . 20 ⎭

3° Dans la commune C, à raison de la voiture à 4 roues qui y est en permanence, ci. 40ᶠ

Ces taxes seraient, dans les cas qui vont être indiqués, susceptibles d'être accrues des suppléments ci-après :

1ᵉʳ CAS.

M. X transfère, le 15 avril, sa résidence et son domicile réel de la commune A dans la commune B, et il s'y fait suivre par la voiture à 2 roues et les 2 chevaux qu'il avait dans la commune A, et qui resteront désormais attachés à la résidence B.

M. X est passible, à raison de ce changement, d'un supplément de taxe de 11 francs 25 centimes calculé ainsi qu'il suit :

Taxe primitive de la voiture à 2 roues et des 2 chevaux dans la commune A. . . . .   15' 00°

Si cette taxe avait été établie dans la commune B, elle aurait été de 30 francs, savoir :

Pour la voiture à 2 roues . . . .   10'⎫
Pour les 2 chevaux (10 francs chacun) . . . .   20⎬ 30 00

Différence. 15 00

Dont les 9/12⁰ (9 mois de l'année restant à courir à partir du 1ᵉʳ du mois dans lequel le changement a eu lieu) sont de 11 25

Cette dernière somme est le montant du complément de taxe à payer. Elle doit être imposée dans un rôle supplémentaire de la commune B, qui donne lieu à l'augmentation et dans laquelle est maintenant le domicile réel de M. X.

2° CAS.

M. X, à partir du 1ᵉʳ juillet, cesse d'avoir une résidence dans la commune B. Il transfère sa voiture à 4 roues de cette commune dans sa résidence de la commune C, où la voiture restera en permanence. Il conserve ses 2 chevaux de la commune B, mais ces chevaux le suivront désormais dans ses diverses résidences.

M. X est passible, à raison de ces changements, d'un supplément de taxe de 12 francs 50 centimes calculé de la manière suivante :

Taxe primitive de la voiture à 4 roues et des 2 chevaux dans la commune B. . . . .   45' 00°

Si cette taxe avait été établie à raison de la population de la commune C, elle aurait été de 70 francs,
ainsi qu'il suit :

Pour la voiture à 4 roues . . . . 40'} 70 00
Pour les 2 chevaux (15 francs par cheval) . . 30 }

Différence. 25 00

Dont les 6/12ᵉ sont de 12 50

Cette somme est le montant du complément de taxe à payer;
mais elle doit être divisée en deux parties :

L'une, de 7 francs 50 centimes, afférente à la voiture à 4 roues,
imposable dans la commune C, où cette voiture restera en permanence.

L'autre, de 5 francs, afférente aux 2 chevaux qui avaient été
placés en permanence dans la commune B, et qui suivront désormais le propriétaire dans ses diverses résidences. Ces
5 francs sont imposables dans la commune A, où M. X a son
domicile réel.

3ᵉ cas.

M. X supprime, le 1ᵉʳ novembre, sa résidence dans la commune B; il vend la voiture à 4 roues et les 2 chevaux qui y
étaient attachés. Il prend, à la même date, une résidence nouvelle dans la commune D, de 50,000 âmes, et il se fait suivre
dans cette résidence par la voiture à 4 roues et les 4 chevaux
qui le suivaient déjà dans ses anciennes résidences.

Par application du principe de l'annualité de l'impôt (nᵒ 11 de
l'instruction), M. X n'a droit à aucune diminution pour la vente
de la voiture et des chevaux qu'il avait en permanence dans la

commune B; mais il est passible d'un supplément de taxe, à raison du tarif de la commune D devenu applicable, pour deux mois, à la voiture à 4 roues et aux 4 chevaux par lesquels il s'est fait suivre dans cette dernière commune.

Ce supplément doit être ainsi calculé :

Taxe primitive de la voiture et des chevaux établie dans la commune A 100ᶠ

Pour 1 voiture à 4 roues, à . . . . 50ᶠ⎫
Pour 4 chevaux (20 francs par cheval), à . . . . 80 ⎭ 130

Différence. 30

Donnant lieu, pour deux mois, à un supplément de 5 francs, somme égale aux 2/12ᵉˢ de la différence de 30 francs.

Ce supplément est imposable dans la commune A, où est le domicile réel de M. X.

Si M. X, au lieu de vendre une partie de ses voitures et de ses chevaux, en avait augmenté le nombre, il n'aurait été susceptible d'aucun accroissement de taxe pour l'augmentation (n° 11 de l'instruction).

Déclaration à faire par les contribuables.

17. — Chaque année, à partir de 1863, les contribuables devront, avant le 10 janvier, c'est-à-dire le 15 au plus tard, faire à la mairie de l'une des communes où ils ont une résidence, la déclaration des voitures et des chevaux à raison desquels ils seront imposables. Toutefois, ceux qui auront fait leur déclaration une première fois ne seront pas tenus de la renouveler, sauf dans les cas spécifiés plus loin.

Éléments de la déclaration.

18. — La déclaration consiste à faire connaître : 1º le nombre des chevaux de selle ; 2º le nombre des chevaux d'attelage ; 3º le nombre des voitures à 2 ou 4 roues pouvant rouler simultanément, en supposant utilisés tous les chevaux d'attelage et en tenant compte du nombre de chevaux qu'on est dans l'usage d'atteler à chaque voiture.

Le contribuable qui a des habitations dans plusieurs communes devra, en outre, désigner ces communes et indiquer : 1º le nombre des voitures et des chevaux qui le suivent habituellement dans ses diverses habitations ; 2ª s'il y a lieu, le nombre des voitures et des chevaux attachés d'une manière permanente à chaque habitation ; 3º et enfin la commune où il est soumis à la contribution personnelle et où il a son domicile réel.

Renouvellement de la déclaration dans le cas de changement de résidence ou de modifications survenues dans les bases de cotisation.

10. — Nous avons établi ci-dessus (chap. 12), que le contribuable qui, après le 1ᵉʳ janvier, diminue le nombre de ses voitures et chevaux imposables, n'a droit à aucune réduction de taxe. Par une juste compensation, il n'est pas assujetti à un supplément de droits lorsque, dans le cours de l'année, il augmente le nombre desdits chevaux et voitures. Un seul cas y donne lieu, c'est lorsque, par suite de changement de résidence, le contribuable transfère son domicile dans une commune où, en raison de la population, la taxe est plus élevée (art. 9 de la loi). Les modifications survenues, pendant l'année, dans les bases de cotisation et le transfert de la résidence dans une commune où la taxe serait la même, ne rendent pas, dès lors, immédiate-

ment nécessaire le renouvellement de la déclaration; mais cette formalité est prescrite d'une manière absolue pour le 15 janvier, au plus tard, de l'année suivante.

Quant au changement de résidence donnant lieu à un accroissement des droits à partir du mois dans lequel s'est effectué le changement, conformément à l'article 9 de la loi (voir chap. 13), il est à regretter que le législateur n'ait pas spécifié un délai particulier pour la nouvelle déclaration que nécessite ce changement; mais il est bien évident qu'on ne saurait avoir, par exemple, jusqu'au 15 janvier 1864 pour faire la déclaration de faits donnant ouverture à des droits qui doivent être compris dans un rôle de 1863, le délai qui expirera le 15 janvier 1864 ne concernant que les faits devant servir de base à l'établissement du rôle de cette dernière année.

Quel sera donc le délai dans lequel les contribuables devront renouveler leur déclaration pour le cas particulier dont il s'agit? La solution de cette question nous paraît résulter implicitement du principe adopté pour les déclarations relatives à la formation du rôle primitif annuel. Les faits existants au 1er janvier et qu'il s'agit de comprendre au rôle primitif, devant être déclarés au plus tard dans les 15 jours qui suivent cette date, il semble rationel d'en conclure que les faits donnant lieu à la formation d'un rôle supplémentaire doivent être déclarés dans les 15 jours qui suivent le jour où ils ont pris naissance.

Nous pensons donc que les contribuables qui, dans le courant de l'année, transféreront leur résidence dans une commune où la taxe sera plus élevée, seront tenus de renouveler immédiatement, ou au plus tard le 15e jour de leur installation dans cette nouvelle résidence, la déclaration de leurs voitures et chevaux. Ce n'est là qu'une opinion personnelle, mais nous engageons les contribuables à s'y conformer, à moins qu'un règlement d'administration publique, ou, plus tard, la jurisprudence, n'en décident autrement (1).

Faits survenus entre la déclaration et le 1er janvier.

20. — Un contribuable qui, par exemple, au mois de novembre ou de décembre d'une année aurait déjà fait sa déclaration
pour l'année suivante et qui, antérieurement au 1er janvier, aurait changé de résidence ou apporté des modifications dans ses
bases de cotisation, serait tenu de renouveler sa déclaration
avant le 10 dudit mois de janvier.

Défaut de déclaration. — Déclaration inexacte ou incomplète.

21. — Le contribuable qui négligera de faire la déclaration
de ses chevaux et voitures ou qui ne la fera pas dans les délais
prescrits par la loi, sera imposé à une double taxe pour toutes
ses voitures et pour tous ses chevaux imposables.

Celui qui fera une déclaration inexacte ou incomplète sera
frappé de la même pénalité, mais seulement pour les voitures et
les chevaux non déclarés ou déclarés d'une manière inexacte (2).

Ces dispositions s'appliquent également à celui qui, dans le

---

(1) Cette interprétation a été consacrée par l'instruction ministérielle du
31 octobre 1832. Elle cesse, dès lors, de nous être personnelle.

(2) La bonne foi dans une déclaration n'exclut pas la pénalité. Il suffit
qu'elle ne soit pas faite dans le sens de la loi pour que la pénalité soit
encourue, et le conseil de préfecture excéderait ses pouvoirs en réduisant
de la double taxe à la simple taxe le contribuable qui invoquerait la bonne
foi. Le conseil d'État l'a jugé ainsi dans plusieurs arrêts que nous avons
analysés plus loin.

Les contribuables doivent donc se bien pénétrer de leurs obligations
par l'étude approfondie des explications contenues dans cette publication.

cas de changement de résidence ou de modifications survenues dans les bases de cotisation, ne renouvellera pas sa déclaration dans les délais ou qui ne la renouvellera que d'une manière inexacte ou incomplète.

Il est inutile de rappeler comment il sera suppléé à l'absence ou à l'inexactitude des déclarations. Il suffit de se reporter au texte de la loi placé en tête de cette publication, où l'on verra également que, dans tous les cas, le contribuable conserve le droit de réclamer contre sa cotisation après la mise en recouvrement du rôle (1).

Déclaration non renouvelée, dans le cas où il s'agit de faits entraînant une diminution de taxe.

22. — Bien que la loi ne distingue pas, à l'égard du renouvellement de la déclaration, les faits donnant lieu à une augmentation de taxe de ceux entraînant une diminution, nous pensons que la déclaration n'est obligatoire que dans le premier cas, attendu que ce cas est le seul pour lequel il soit établi une sanction pénale. Il en résulte que le contribuable qui aurait omis de renouveler sa déclaration, en pareil cas, serait néanmoins fondé à réclamer contre sa cotisation, après la mise en recouvrement du rôle, s'il avait été maintenu à raison de faits ayant cessé d'exister avant le 1er janvier.

----

(1) Il ne peut, toutefois, jamais revenir sur sa déclaration primitive par une nouvelle déclaration, après l'expiration du délai fixé au 15 janvier, ni par une réclamation présentée dans les trois mois de la publication du rôle. (Voir l'*Analyse* des arrêts publiés plus loin aux nos 6, 7 et 8 du chapitre *Déclaration*.)

Centimes additionnels.

23. — Indépendamment des taxes désignées au tarif, les contribuables seront passibles de centimes additionnels, réglés à raison de cinq centimes par franc du montant de leurs cotisations. Ces centimes additionnels ont pour but de couvrir les décharges, réductions, remises ou modérations, ainsi que les frais de l'assiette de l'impôt et ceux de la confection des rôles.

Cette mesure est conforme à tous les précédents en matière d'impôts directs perçus au bénéfice du Trésor. Il est nécessaire qu'en faisant entrer le produit d'un impôt dans ses prévisions budgétaires, l'État puisse compter sur la rentrée intégrale de cet impôt. Toutefois, en cas d'insuffisance du produit des 5 centimes additionnels pour faire face aux charges susindiquées, il sera pourvu au déficit par un prélèvement sur le montant de l'impôt.

Attribution aux communes d'un dixième de l'impôt.

24. — D'après l'article 8, il est attribué aux communes un dixième du produit de l'impôt, déduction faite des cotes ou portions de cote dont le dégrèvement aura été accordé. Il va sans dire que cette attribution ne porte que sur le principal de l'impôt, les centimes additionnels ne pouvant être détournés de leur destination spéciale.

Le dixième dont il s'agit est prélevé dans chaque commune, sauf les déductions susindiquées, sur le montant total du rôle, c'est-à-dire non-seulement sur les cotes établies en raison de la population de la commune, mais encore sur celles qui, par application de l'article 10, auraient été réglées en raison de la population des communes dans lesquelles les contribuables qui ont plusieurs résidences se font suivre par leurs voitures et chevaux.

Assimilation de l'impôt aux autres impôts directs.

25. — Les rôles sont établis, arrêtés, publiés et recouvrés comme ceux relatifs aux autres impôts directs. Il résulte de cette disposition de l'article 13 certains effets dont les principaux seront développés dans les chapitres suivants.

Mode de recouvrement.

26. — L'impôt est recouvré au moyen de rôles nominatifs arrêtés par le préfet et publiés par le maire de chaque commune. Il est payable en douze portions égales, dont chacune est exigible le 1er de chaque mois pour le mois précédent.

Les taxes supplémentaires établies en vertu de l'article 9 dans le cas de changement de résidence sont, par analogie avec ce qui est prescrit à l'égard des patentes supplémentaires, payables par portions égales, en autant de termes qu'il reste de mois à courir après la publication des rôles.

Par la même analogie avec ce qui se pratique en matière de patentes et en vertu de l'assimilation aux impôts directs qui a été faite par la loi pour l'établissement et la publication des rôles (voir n° 25), il semble qu'on doit établir des rôles supplémentaires pour les chevaux et voitures possédés avant le 1er janvier et qui n'ont pas été compris au rôle primitif, soit par omission pure et simple, soit par suite du défaut de déclaration ou de déclaration incomplète ou inexacte. Pour ce dernier cas surtout, cela ne paraît pas pouvoir faire doute. Il ne serait pas admissible que la loi laissât au contribuable en défaut la possibilité de se

soustraire à la taxe par le fait d'une omission dont l'absence de
déclaration ou l'insuffisance de déclaration aurait été la cause.
Toutefois, en présence du caractère tout à fait absolu que la loi
a donné au principe de l'annualité de cet impôt, et par conséquent
à l'établissement et à la publication des rôles, un contribuable
ne peut être légalement repris dans un rôle supplémentaire que
si ce rôle est publié avant le 1er janvier de l'année suivante,
c'est-à-dire avant l'expiration de l'année pour laquelle le rôle est
établi. C'est ce que le conseil d'État a décidé par un arrêt en date
du 21 mars 1865, que nous avons analysé plus loin.

Termes échus dus par les contribuables en réclamation.

27. — Les contribuables qui ont formé une demande en décharge ou en réduction de cote ne peuvent, sous prétexte de
réclamation, différer le payement des termes qui viennent à
échoir avant le jugement de leur réclamation.

Cas de déménagement hors du ressort de la perception, et cas de vente volontaire ou forcée.

28. — En cas de déménagement d'un contribuable hors du
ressort de la perception, comme en cas de vente volontaire ou
forcée, la taxe est immédiatement exigible pour la totalité de
l'année courante.

Privilège du Trésor.

29. — Le privilège du Trésor s'exerce sur les objets soumis
à la taxe et sur tous les autres meubles et effets mobiliers
appartenant aux redevables, en quelque lieu qu'ils se trouvent.

Recours contre les dépositaires de deniers.

30. — Le recours s'exerce, comme pour toutes les contributions directes, sur les dépositaires des deniers provenant du chef des redevables et affectés au privilége du Trésor, conformément à l'article 2 de la loi du 2 messidor an VIII.

Recours contre les héritiers.

31. — La taxe étant due pour l'année entière, lorsqu'un contribuable vient à décéder dans le courant de l'année, les héritiers sont tenus d'acquitter le montant de sa cote.

RÉCLAMATIONS

Du droit de réclamation.

32. — Tout contribuable a le droit de former une demande en *décharge* ou *réduction* de sa cotisation, lorsqu'il croit être mal imposé.

Les pertes des objets soumis à la taxe ou d'autres événements extraordinaires affectant sensiblement les facultés des contri-buables, peuvent donner lieu à des demandes en *remise* ou *modération* de taxe; mais ces faits ne constituent, dans aucun cas, un droit au dégrèvement, l'obtention dudit dégrèvement restant toujours subordonnée à l'appréciation des circonstances et de l'état de fortune des contribuables.

Formation des réclamations.

33. — Les demandes sont adressées au préfet ou au sous-préfet. — Elles doivent être formées sur papier timbré, lorsque le montant de la cote, objet de la réclamation, est de 30 francs et au-dessus.

Une demande en décharge ou réduction n'est recevable qu'au-tant qu'elle est accompagnée de la quittance des termes échus. Il convient, en outre, d'y joindre l'avertissement ou un extrait du rôle.

4

Délai de présentation des réclamations.

34. — Les demandes en décharge ou en réduction doivent être, sous peine de déchéance, déposées à la préfecture ou à la sous-préfecture, dans les trois mois de la publication des rôles.

Toutefois, en cas de changement de résidence avant la publication du rôle, le délai de trois mois ne court que du jour où le contribuable a eu officiellement connaissance de son imposition.

Quant aux demandes en remise ou modération par suite d'événements malheureux, elles doivent être formées dans les 15 jours qui suivent lesdits événements.

Instruction et jugement des réclamations.

35. — Les demandes sont instruites dans la même forme que celles relatives aux autres contributions directes. Celles en *décharge* ou en *réduction* sont jugées par le conseil de préfecture, sauf recours devant le conseil d'État, et celles en *remise* ou *modération*, par le préfet, sauf recours devant le ministre des finances.

Pourvois devant le Conseil d'État et devant le Ministre.

36. — Les pourvois devant le conseil d'État ne sont recevables qu'autant que les requêtes sont parvenues dans les bureaux de la préfecture ou au secrétariat du conseil d'État dans les trois mois de la notification qui est faite aux réclamants du rejet de leurs demandes.

Les recours dont il s'agit doivent être rédigés sur papier

timbré, quand ils ont pour objet une cote de 30 francs et au-dessus.

Quant aux pourvois devant le ministre, comme ils s'adressent à la justice gracieuse, il n'y a pas de prescriptions formelles pour le délai dans lequel ils doivent être introduits, ni pour le papier qu'il y a lieu d'employer.

———

RÉPONSES

Aux questions soumises à l'administration des contributions directes, au sujet de la loi du 2 juillet 1862, qui établit une contribution sur les voitures et les chevaux. (Extrait des circulaires des 12 janvier 1862 et 18 février 1861.)

QUESTIONS.

RÉPONSES.

1

Les ambassadeurs, chargés d'affaires, consuls et autres représentants des puissances étrangères sont-ils imposables pour leurs chevaux et leurs voitures ?

Les représentants des puissances étrangères, à moins qu'ils ne soient des citoyens nés ou naturalisés Français, étant censés résider toujours sur la terre nationale, leurs chevaux et leurs voitures doivent être considérés comme n'existant point en France. Ces représentants, dès lors, ne sont pas plus passibles de la contribution sur les voitures et les chevaux, qu'ils ne le sont de la contribution personnelle et mobilière.

2

La loi exempte les voitures et les chevaux possédés par les ministres des différents cultes.

L'exemption s'étend-elle :

1° Aux chanoines et prêtres qui ne sont pas chargés de l'administration d'une paroisse, qui

L'exemption doit être appliquée à tous les ministres des différents cultes, sans qu'il y ait à rechercher s'ils ont ou n'ont pas besoin de chevaux ou de voitures pour l'exercice de leur ministère ; elle n'est pas applicable

ne sont pas obligés de se transporter auprès des malades et qui
n'ont besoin ni de chevaux ni de
voitures pour remplir leurs fonctions ?

2° Aux membres des corpo-
rations religieuses, sans distinction ?

aux membres des corporations
religieuses qui n'ont pas le caractère de ministres du culte.

3

Le propriétaire qui fait culti-
ver ses domaines par des colons
partiaires doit il être considéré
comme cultivateur lui-même en
raison de la vente des produits
qui lui reviennent du colonage,
ou de l'achat des bestiaux et
instruments d'exploitation ?

Oui, il a le droit à l'exemption
dans les mêmes conditions que
le cultivateur ordinaire.

4

Dans quel cas y a-t-il lieu
d'imposer ou d'exempter les voitures et les chevaux qui sont
affectés au service personnel et
à l'agriculture ?

Les voitures et les chevaux
qui sont employés, même en
partie, pour le service de l'agriculture ne sont point imposables ; mais l'imposition devrait
avoir lieu si l'affectation au service agricole n'était qu'un fait
accidentel, attendu qu'on ne doit
tenir compte des faits de l'espèce
ni pour l'imposition, ni pour
l'exemption.

Il arrive fréquemment que
l'affectation des chevaux à l'agriculture est habituelle, et que

celle des voitures au même service n'est qu'accidentelle. Dans ce cas, les chevaux ne sont point imposables ; les voitures le sont, mais seulement pour la taxe que leur attribue le tarif.

La distinction du fait habituel ou accidentel est une question dont la solution dépend des circonstances et des localités, et dont l'appréciation appartient aux agents des contributions directes, sauf réclamation ultérieure de la part des intéressés. Cette solution s'applique aussi aux patentés qui se servent de leurs voitures et de leurs chevaux pour l'exercice de leur profession et pour leur agrément.

5

Un industriel, maître de forges, filateur, etc. qui, indépendamment des voitures qu'il emploie au transport des marchandises, possède une voiture servant à son usage et à celui de sa famille, est-il imposable pour cette voiture lorsqu'il s'en sert aussi pour des courses relatives à l'industrie ?

La voiture à l'usage du propriétaire ou de sa famille est imposable, à moins qu'elle ne soit aussi habituellement employée pour le service de l'industrie.

6

Les voitures affectées au service personnel donnent-elles lieu

Non. La loi ne mentionne comme imposables que les voiau payement de l'impôt lorsqu'on ne les attelle qu'avec des mules ou des ânes ?

tures attelées avec des chevaux.

7

Les voitures et les chevaux exclusivement employés au service des mines ne sont pas spécialement désignés dans les exceptions : doit-on les faire entrer dans les bases de l'impôt ?

Non. Les concessionnaires des mines ne seraient imposables pour ces voitures et ces chevaux qu'autant qu'ils les affecteraient aussi à leur service personnel. Cette dernière affectation étant une condition nécessaire de l'imposition, on ne saurait comprendre dans les bases de l'impôt les voitures et les chevaux exclusivement affectés à l'exploitation des mines, par le motif seul qu'il n'en est pas fait une mention spéciale dans les exceptions.

8

Les chevaux possédés en conformité des règlements du service militaire ou administratif ne donnent pas lieu au payement de la taxe. Doit-il en être de même des voitures attelées avec ces chevaux ?

Non, à moins que les règlements ne rendent la possession des voitures obligatoire.

9

Le fonctionnaire qui, sans y être astreint par les règlements, possède un cheval ou une voiture dont il ne fait usage que

Non. Les exemptions sont de droit étroit, et elles ne peuvent profiter qu'aux fonctionnaires pour lesquels les règlements pour son service, peut-il être affranchi de la taxe en vertu de l'article 7 de la loi du 2 juillet 1862 ?

rendent obligatoire la possession de voitures ou de chevaux.

10

Un propriétaire a plusieurs habitations où il est suivi par les mêmes chevaux qu'il attelle à des voitures restant en permanence dans chaque résidence ; comment doit-on l'imposer ?

On doit l'imposer pour ses chevaux dans la commune du domicile réel, d'après le tarif de la commune dont la population est la plus élevée. Pour ses voitures, on doit l'imposer dans les communes où elles sont en permanence, en commençant par la commune dont la population est la plus élevée et en s'arrêtant au nombre de voitures que le propriétaire peut atteler simultanément avec les chevaux dont il dispose.

11

Dans quelle commune et d'après quel tarif doit-on imposer :
1° Le propriétaire qui a son domicile réel dans une ville sans y avoir d'écuries et de remises, et une habitation avec écuries et remises dans une commune rurale où rentrent, tous les jours, les chevaux et les voitures qui lui servent d'ailleurs dans la ville comme dans la commune rurale ?
2° Le propriétaire qui a dans

Il est imposable dans la commune rurale ; mais s'il n'avait pas d'habitation dans cette commune, la voiture et les chevaux devraient être imposés dans la ville où le propriétaire a son domicile réel, et d'après le tarif de la ville, bien que les écuries et les remises se trouvent dans la commune rurale.

Il est imposable dans la com-

une commune rurale son habitation avec écuries et remises, et
dans une ville voisine, où il n'a
point d'habitation, un bureau d'affaires ou un simple pied-à-terre,
avec des écuries et remises où les
chevaux et les voitures ne station-
nent qu'une partie de la journée?

3° Le propriétaire qui réside
habituellement dans une commune rurale et vient passer,
chaque année, avec ses chevaux
et ses voitures, quelques semai-
nes en ville dans la maison d'un
ami ou dans une auberge?

mune rurale d'après le tarif de
cette commune.

Pour être imposable dans la
commune rurale d'après le tarif
de la ville, il faudrait qu'il eût
dans la ville une habitation, et
pour être imposable au rôle de
la ville, il faudrait qu'il y eût son
domicile réel.

On doit l'imposer dans la commune rurale où est son domicile
réel et d'après le tarif de la ville,
s'il peut être considéré comme y
ayant une habitation. S'il n'y
passait que comme visiteur ou
comme voyageur, il ne serait imposable que d'après le tarif de la
commune rurale. L'application
du tarif devient encore ici une
question de fait laissée à l'appréciation des agents locaux.

12

Le contrôleur peut-il, au moment de la rédaction des états
matrices, modifier les éléments
de cotisation déclarés par les
contribuables ?

Si les déclarations ne sont pas
faites dans le délai fixé, ou si
elles sont inexactes ou incomplètes, il doit, aux termes de
l'article 11 de la loi, y être suppléé d'office par le contrôleur
des contributions directes.

Cet agent doit donc suppléer
aux déclarations qui n'auraient
pas été faites et ajouter aux déclarations inexactes ou incom-

plètes la matière imposable non
déclarée.

Si une déclaration comprenait
des chevaux et des voitures
évidemment non imposables,
comme, par exemple, la déclaration qu'aurait faite un ministre du
culte, celle faite par un proprié-
aire qui aurait déclaré plusieurs
voitures attelées et un seul cheval, etc., le contrôleur ne devrait
point tenir compte des objets
déclarés par méprise.

Si une déclaration contenait
des observations ou des réserves
et n'avait été faite, pour ainsi
dire, que conditionnellement,
le contrôleur devrait l'examiner
avec attention, résoudre les
questions soulevées dans le sens
des instructions, régulariser la
déclaration et n'inscrire dans
l'état matrice, pour des taxes
simples, que les chevaux et les
voitures réellement imposables.

Si la déclaration ne contenait
ni observations, ni réserves, et
que son examen ne fit ressortir
que des faits contestables ou
douteux, comme dans le cas de
voitures ou de chevaux servant
à des usages mixtes ou employés
seulement temporairement au
service personnel du possesseur,
le contrôleur ne serait pas fondé

à modifier une déclaration par laquelle un propriétaire se serait considéré lui-même comme imposable.

13

Les propriétaires de chevaux et de voitures, qui ont été imposés d'office à la double taxe en 1863, pour défaut de déclaration, doivent-ils être encore assujettis à une taxe double, pour les années suivantes, s'ils persistent dans leur abstention?

Il y a lieu, dans ce cas, de n'imposer que la taxe simple. La loi ayant voulu que les contribuables vinssent se faire connaître, on peut dire que son vœu est rempli du moment qu'ils figurent dans les rôles, même par suite d'une imposition d'office. Cette imposition doit donc être considérée comme équivalant à une déclaration, et on ne devra désormais, à défaut de déclaration expresse, appliquer la double taxe que pour les objets qui n'auraient pas été compris dans les rôles de l'année précédente ou pour des faits nouveaux.

14

Quels sont les cas principaux où il peut y avoir lieu d'appliquer la pénalité établie par l'article 12 de la loi pour omission de déclaration ou pour déclaration inexacte ou incomplète? Sur quels éléments de cotisation y a-t-il lieu, alors, de faire porter la double taxe?

1° Lorsqu'un contribuable n'a fait aucune déclaration, le contrôleur y supplée d'office, et le directeur des contributions est tenu d'appliquer la double taxe à tous les éléments de cotisation inscrits dans l'état-matrice.

2° Lorsqu'un contribuable n'a déclaré qu'une partie des voitures et des chevaux pour les-

quels il est imposable, ou lorsqu'il les a déclarés d'une manière
inexacte, en indiquant, par
exemple, une voiture à deux
roues au lieu d'une voiture à
quatre roues, le contrôleur complète ou rectifie la déclaration,
et le directeur applique la double
taxe aux seuls éléments de cotisation qui ont été omis ou inexac-
tement déclarés.

3° Si un contribuable, ayant
des résidences dans plusieurs
communes où le suivent les voitures et les chevaux qu'il a déclarés, avait omis d'indiquer
l'une de ces communes dont la
population donnerait lieu à l'application d'un tarif plus élevé, le
contrôleur constaterait l'omission, et le directeur établirait la
cotisation d'après le tarif le plus
élevé, augmenté d'une somme
égale à la différence existant entre ce tarif et celui qui était applicable d'après la déclaration.

4° Si un contribuable, déjà
cotisé, transfère sans déclaration de changement sa résidence d'une commune dans une
autre d'une catégorie de population supérieure, il doit, dans
la commune de sa nouvelle résidence, le double du supplément de taxe pour tous les
éléments de cotisation imposa-

bles dans cette résidence, qui seraient déjà imposés dans l'ancienne. Les éléments non imposés dans l'ancienne résidence donneraient lieu à une taxe double dans la nouvelle.

5° Si, sans changer de résidence et sans avoir modifié sa première déclaration, un contribuable augmente le nombre de ses éléments de cotisation, il est imposable à la double taxe pour l'augmentation seulement.

6° Si un contribuable a diminué le nombre de ses éléments de cotisation ou abandonné une résidence située dans une commune donnant lieu à l'application d'un tarif plus élevé, le défaut de déclaration ne doit avoir pour conséquence que de laisser ce contribuable imposé à des taxes plus fortes que celles dont il serait redevable.

ANALYSE

DANS UN ORDRE MÉTHODIQUE

D'ARRÊTS RENDUS PAR LE CONSEIL D'ÉTAT SUR LES DIFFÉRENTES
ESPÈCES D'AFFAIRES QUI ONT ÉTÉ SOUMISES A SA JURIDICTION A LA SUITE
DE LA PROMULGATION DE LA LOI DU 2 JUILLET 1862,
REMISE EN VIGUEUR PAR LA LOI DU 16 SEPTEMBRE 1871, CON-
CERNANT LA CONTRIBUTION SUR LES VOITURES ET LES CHEVAUX.

DÉCLARATION (Cas relatifs à la).

1. — Déclaration faite dans la commune autre que celle du domicile.

Le contribuable qui, ayant son domicile légal dans une commune
et une autre résidence dans une commune d'une catégorie de population inférieure, a fait, dans cette dernière commune, la déclaration de la voiture et du cheval qu'il possède, en indiquant qu'il
avait une résidence dans la première commune, ne doit pas être
considéré comme ayant fait une déclaration *incomplète*, qui le rende
passible de la double taxe dans la commune de son domicile, parce
qu'il n'aurait pas indiqué, dans la déclaration faite dans l'autre
commune, que sa voiture et son cheval le suivaient dans celle de
son domicile. (10 janvier 1863. — Thébaut. — Loire-Inférieure.)
Même espèce : (21 avril 1864. — Fournier. — Aude.)

2. — Déclaration incomplète. — Différence de tarifs.

Le contribuable qui a deux résidences où le suivent ses chevaux
et voitures, et qui, en faisant sa déclaration dans la commune de

son domicile, n'a pas fait connaître les circonstances à raison desquelles sa taxe devait être établie d'après le tarif applicable à l'autre résidence, n'est pas fondé à se plaindre d'avoir été soumis à la double taxe, d'après ce même tarif, pour cause de déclaration incomplète. (1er juin 1864. — Quiquandon. — Loire-Inférieure.)

Même espèce : (11 janvier 1865. — Maisonneuve. — Loire-Inférieure.)

3. — Déclaration incomplète. — Bonne foi. — Conseils de préfecture.

Le conseil de préfecture ne peut réduire à la simple taxe, en se fondant sur la bonne foi, le contribuable qui a été soumis à la double taxe pour des chevaux et voitures le suivant ou se trouvant dans une de ses résidences qu'il avait négligé de faire connaître en faisant sa déclaration. (7 septembre 1864. — Poidras de la Lande. — Loire-Inférieure.)

4. — Déclaration inexacte. — Voiture à deux roues déclarée au lieu d'une voiture à quatre roues.

Est imposable, pour déclaration inexacte, à la double taxe d'une voiture à quatre roues, le contribuable qui, ayant une voiture à deux roues pour les besoins de son commerce, a fait la déclaration de celle-ci au lieu de la voiture à quatre roues qui est affectée à son service personnel ou à celui de sa famille. (6 août 1861. — Richeux. — Loire-Inférieure.)

5. — Déclaration non faite. — Bonne foi. — Conseils de préfecture.

Le conseil de préfecture ne peut pas réduire à la simple taxe, en se fondant sur la bonne foi, le contribuable qui a été soumis à la double taxe pour des chevaux et voitures qu'il croyait exempts et qu'il n'a pas déclarés. (11 mai 1861. — Montagnon, Bader et autres. — Haut-Rhin.)

Nota. — Jurisprudence constante, consacrée par de nombreux arrêts.

6. — Autorité de la déclaration. — Double résidence déclarée.

Le contribuable qui a déclaré avoir deux résidences dans lesquelles il se fait suivre par son cheval et sa voiture, est imposable d'après le tarif applicable à la commune où la taxe est la plus élevée, alors même qu'il serait reconnu en fait que le cheval et la voiture ne suivent pas leur maitre dans cette résidence. (3 février 1865. — Montets-Noganets. — Tarn-et-Garonne.)

**7. — Autorité de la déclaration. — Réclamant revenant
sur sa déclaration.**

Le contribuable qui a déclaré une voiture attelée, sans indiquer qu'elle ne serait point imposable comme étant affectée en partie au service de l'agriculture, n'est pas recevable à revenir sur sa déclaration dans une réclamation devant le conseil de préfecture. (21 avril 1864. — Lovel. — Ille-et-Vilaine.) *Nota.* — Le ministre avait soutenu que la voiture était employée à l'usage de la famille.
Mêmes espèces : (21 avril 1864. — Hervagault. — Ille-et-Vilaine. — Gérard. — Marne.)

**8. — Autorité de la déclaration. — Réclamant revenant
sur sa déclaration.**

Le contribuable qui a déclaré posséder une voiture attelée n'est pas fondé à demander la décharge de la taxe à laquelle il a été soumis, par le motif que sa voiture n'aurait pas servi du mois d'octobre à une époque postérieure au 1er janvier. (15 décembre 1864. — Alzon. — Hérault.)

**9. — Situation modifiée avant le 1er janvier sans déclaration
nouvelle.**

Mais le contribuable qui a vendu, avant le 1er janvier, des chevaux et voitures par lui déclarés, sans avoir modifié sa déclaration, est fondé à réclamer la décharge de la taxe afférente auxdits che-

vaux et voitures dans les trois mois de la publication du rôle.
(18 mars 1865. — De Metz. — Rhône.)

**10. Autorité de la déclaration.— Réclamant se disant propriétaire
d'un cheval et d'une voiture déclarés par son père.**

Un fils n'est pas recevable à prétendre qu'il est propriétaire du
cheval et de la voiture inscrits au nom de son père sur la déclaration de ce dernier et à réclamer contre la taxe à laquelle celui-ci
a été imposé. (12 janvier 1865. — Capdeville. — Landes.)

**11. — Absence du contribuable à l'époque où il avait à faire
sa déclaration. — Conseil de préfecture.**

La circonstance qu'un contribuable aurait été absent de la commune de son domicile à l'époque à laquelle il avait à faire la déclaration de ses chevaux et voitures, n'autorise pas le conseil de
préfecture à réduire à la simple taxe la double taxe attribuée à ce
contribuable pour défaut de déclaration desdits chevaux et voitures. (1er juin 1861. — Villebrun. — Hérault.)

ANNUALITÉ DE L'IMPOT.

12. — Voiture vendue après le 1er janvier.

Une voiture possédée par un contribuable au 1er janvier est
imposable pour l'année entière, bien qu'elle ait été vendue dès le
mois de février. (11 juin 1831. — Dobain. — Pas-de-Calais.)

13. — Voiture acquise après le 1er janvier.

Une voiture acquise après le 1er janvier n'est p.. imposable pour
l'année courante. (7 septembre 1831. — Lacombe. — Marne.)

**14. — Cheval vendu avant le 1er janvier et voiture vendue
après le 1er janvier.**

Le contribuable qui a vendu son cheval avant le 1er janvier, et.

plus tard, sa voiture, sans l'avoir employée, n'est imposable ni pour le cheval ni pour la voiture. (8 septembre 1861. — Titon. — Côte-d'Or.)

15. — Voiture attelée avant le 1er janvier. — Vente du cheval avant le 1er janvier. — Rachat d'un cheval au cours de l'année suivante.

Est imposable, comme ayant une voiture attelée, le contribuable qui, possédant une voiture au 1er janvier, avait vendu son cheval avant cette époque et n'a racheté un autre cheval qu'au cours de l'année suivante. (14 juin 1834. — Jacques. — Loiret.)

16. — Rôles supplémentaires. — Contribuable omis au rôle primitif.

Les omissions existant au rôle primitif ne peuvent être réparées au moyen de rôles supplémentaires publiés après la fin de l'année pour laquelle la taxe est établie. (21 mars 1865. — Renouard.)

LIEU DE L'IMPOSITION.

Pluralité de résidences.

17. — Voiture attachée à une résidence. — Chevaux attachés à une autre.

Celui qui attelle habituellement la voiture qu'il possède dans une commune à l'aide des chevaux qu'il a dans une autre, doit être considéré comme ayant, dans la première commune, une voiture attelée, qui le rend passible de la taxe d'après le tarif applicable à ladite commune. (11 juillet 1861. — Gomer. — Somme.)

18. — Fait constitutif d'une seconde résidence.

Celui qui possède, dans une commune autre que celle de son

domicile, une maison où il séjourne une partie de l'année, doit
être considéré comme ayant, dans cette commune, une seconde
résidence dans le sens de la loi, et il est passible de la taxe, à
raison des chevaux et voitures qui l'y suivent, d'après le tarif applicable à ladite commune. (21 avril 1861. — Fournier. — Aude. —
1er juin 1861. — Quiquandon. — Loire-Inférieure; Delscriés, Lot.
— 1er décembre 1861. — Daroxy. — Ariége. — 11 janvier 1863. —
De Lafontan. — Lot-et-Garonne.)

19. — Déplacements accidentels de la campagne à la ville.

La circonstance qu'un contribuable ayant son domicile légal
dans une commune rurale aurait, dans une ville voisine, une habitation avec écurie dont la possession s'explique par la nécessité
d'un logement pour ses déplacements accidentels de la campagne
à la ville, ne saurait faire considérer ce contribuable comme ayant
une seconde résidence qui le rendrait passible, pour les chevaux
et voitures qui l'y suivent, d'après le tarif applicable à ladite ville.
(10 mars 1861. — Lathoud. — Savoie.)

20. — Attelage ne servant qu'accidentellement dans l'une des résidences.

Lorsqu'un attelage attaché à une résidence ne va qu'accidentellement dans une autre résidence, le contribuable n'est passible de
la taxe que d'après le tarif applicable à la première résidence.
(7 septembre 1861. — Framcau. — Loire-Inférieure.)

21. — Attelage servant à transporter le contribuable d'une résidence à une autre.

La circonstance qu'un contribuable se sert des chevaux et voitures attachés à une résidence pour se rendre dans une autre et
réciproquement, ne suffit pas pour le rendre passible de la taxe
d'après le tarif applicable à la commune de la résidence à laquelle
lesdits chevaux et voitures ne sont pas attachés, s'il n'est pas établi
qu'il s'en serve pour circuler dans l'intérieur de cette dernière
commune. (1 mai 1861. — Dean de Luynié. — Mayenne.)

VOITURES ATTELÉES. — USAGE HABITUEL.

---

22. — Voiture attelée à l'aide d'un cheval de louage ou d'emprunt.

Celui qui possède une voiture dont il se sert quand il lui convient de sortir, et qu'il attelle à l'aide d'un cheval de louage ou d'emprunt, doit être considéré comme ayant une voiture attelée. (6 août 1861. — Girard. — Eure-et-Loir.) — *Nota.* Le contribuable prétendait n'atteler sa voiture que dix fois environ par an. D'après le ministre des finances, il s'agissait de quinze à vingt fois.

23. — Voiture attelée par un patentable à l'aide d'un cheval de louage ou d'emprunt.

Le patentable qui se sert habituellement, pour son service personnel ou pour celui de sa famille, d'une voiture possédée par lui et qu'il attelle à l'aide d'un cheval de louage, est imposable à raison de cette voiture, alors même qu'il s'en servirait quelquefois pour l'exercice de sa profession. (13 septembre 1861. — Brissay.— Puy-de-Dôme.)

24. — Voiture attelée à l'aide d'un cheval exempté de la taxe.

Celui qui se sert habituellement, pour son usage personnel ou pour celui de sa famille, d'une voiture qu'il attelle à l'aide d'un cheval exempté de la taxe, doit être considéré comme ayant une voiture attelée passible de l'impôt. (8 septembre 1861. — Lefebvre. — Maine-et-Loire.)

Nota. — Jurisprudence constante, consacrée par une multitude d'arrêts.

25. — Voiture accidentellement attelée à l'aide d'un cheval de louage.

Le contribuable qui, pendant l'année de l'imposition, n'a fait qu'un identel d'une voiture possédée par lui et qu'il attelait à a'd n cheval de louage, a droit à la décharge de la taxe établie sur sa voiture. (6 août 1864. — Bailly. — Basses-Pyrénées.)

Nota. — Le ministre avait fait observer que le réclamant avait fait usage de sa voiture *assez fréquemment* pendant les années qui avaient précédé celle de l'imposition.

Arrêts de même espèce: 20 juillet 1864, Jacques de Heurtamont (Sarthe), voiture attelée *trois fois* dans l'année avec un cheval de louage, comme pour les suivants ; — 8 décembre 1864, Biquet (Eure-et-Loir), voiture attelée *pas assez habituellement* ; — 15 décembre 1864, Poydenot (Basses-Pyrénées), voiture attelée *trois fois* ; — 12 janvier 1865, Bourdit, avoué (Aude), voiture attelée *accidentellement* ; — 30 mars 1865, Dchaussy (Somme), voiture attelée *deux fois* dans l'année.

26. — Pluralité de voitures. — Voitures ne pouvant être attelées simultanément.

Le contribuable qui possède deux chevaux et deux voitures à quatre roues, dont l'une ne peut être attelée qu'à l'aide de deux chevaux, doit être considéré comme n'ayant qu'une voiture attelée. (11 juin 1864. — Rodier. — Charente-Inférieure.)

27. — Voitures exemptées de la taxe et voitures non exemptées attelées alternativement à l'aide de chevaux exemptés.

Lorsqu'un contribuable possédant plusieurs voitures dont les unes sont exemptées de la taxe, dont les autres servent habituellement à son usage personnel, attelle alternativement ces voitures à l'aide de chevaux qui sont exemptés, il y a lieu de considérer comme attelées, dans le sens de la loi, celles des voitures qui servent à son usage personnel. (18 août 1864. — Saugé; Berisset; Mousnier. — Charente-Inférieure.)

Nota. — Jurisprudence constante, consacrée par une multitude d'arrêts.

28. — Voiture ne pouvant être attelée qu'avec deux chevaux. — Cas où l'un des deux chevaux est exempt de la taxe.

On doit considérer comme attelée, dans le sens de la loi, une voiture que l'on attelle habituellement à l'aide de deux chevaux, bien que l'un des deux chevaux *nécessaires* à son attelage ne soit pas passible de la taxe. (30 mars 1865. — De l'Estang de Ruigère.)

29. — Possession de deux voitures dont l'une ne sert pas. — Voiture à deux roues et voiture à quatre roues.

Le contribuable qui, ayant deux voitures, l'une à quatre, l'autre à deux roues, et un seul cheval, ne s'est pas servi, pendant l'année de l'imposition, de sa voiture à quatre roues, n'est passible que de la taxe afférente à l'autre voiture. (1er juin 1864. — Jousselin. — Sarthe.)

30. — Voiture ayant cessé de servir à partir du 1er janvier.

Celui qui ne se sert plus de sa voiture à dater du 1er janvier, soit parce que cette voiture est en mauvais état, soit parce que le cheval à l'aide duquel elle était attelée est exclusivement employé à l'agriculture, a droit à la décharge de la taxe établie sur ladite voiture. (Arrêts combinés du 1er juin 1864. — Lemoine. — Marne; — et du 9 septembre 1864. — Faugier. — Gard.)

NOTA.— Un autre arrêt de même espèce avait été rendu le 11 mai 1864. — Bader. — Haut-Rhin.

31. — Voiture servant à une personne impotente.

Est passible de la taxe, pour la voiture qu'il possède, celui qui se sert habituellement de cette voiture pour promener sa femme impotente, alors même que ladite voiture est attelée à l'aide d'un cheval employé à l'agriculture. (13 septembre 1864. — Delaplace. — Aisne.)

32. — Voiture attelée pendant l'époque de la chasse, ou pendant l'époque des vacances, à l'aide d'un cheval de louage.

Celui qui attelle habituellement sa voiture à l'époque de la chasse (à l'époque des vacances) pour son service personnel est imposable, alors même qu'il ne possède pas de cheval, pour la voiture dont il s'agit. (1er cas: 30 mars 1864. — Pierre. — Cher; — 2e cas: 30 mars 1865. — Petit.)

33. — Cheval successivement attelé à deux voitures dont une est exemptée de la taxe.

Un cheval qu'on attelle successivement à deux voitures, dont l'une est employée au service de l'agriculture, n'est pas imposable à la taxe. (12 septembre 1864. — Bernat. — Tarn-et-Garonne.)

EXEMPTIONS.

§ 1er. — Service militaire ou administratif.

34. — Agent voyer. — Cheval réglementaire. — Ne supporte pas l'usage du cheval. — Voiture.

Un agent voyer d'arrondissement qui, en vertu d'une délibération du conseil général approuvée par l'autorité supérieure, reçoit une indemnité pour l'emploi d'un cheval dans l'exercice de ses fonctions, et qui, ne pouvant supporter l'usage du cheval, se sert, pour le service public dont il est chargé, d'une voiture dont il est propriétaire, n'est imposable ni pour son cheval ni pour sa voiture. (31 mars 1864. — Labasque. — Finistère.)

35. — Agent voyer. — Cheval et voiture non réglementaires.

Un agent voyer n'est pas fondé à réclamer contre la taxe établie sur la voiture et le cheval qu'il possède, par le motif que cette voiture et ce cheval lui seraient nécessaires pour l'exercice de ses fonctions, du moment qu'il ne se prévaut d'aucun règlement administratif qui l'oblige à les posséder. (24 mars 1865. — Bréthonneau.)

36. — Conducteur des ponts et chaussées. — Cheval et voiture non réglementaires.

Même disposition que pour le n° 35. (5 mars 1864. — Beaupré.— Indre-et-Loire.)

37. — Directeur d'un dépot d'étalons. — Immunité réclamée par le ministre compétent pour un cheval et une voiture.

Lorsque le ministre sous l'autorité duquel un fonctionnaire est placé a revendiqué pour ce fonctionnaire le droit de posséder, avec immunité complète, un cheval et une voiture, ce cheval et cette voiture peuvent être considérés comme possédés en conformité d'un règlement administratif. (1er décembre 1861. — Du Plessis. — Basses-Pyrénées.)

38. — Percepteur. — Voiture non réglementaire attelée avec un cheval de louage.

Un percepteur qui a une voiture dont la possession ne lui es imposée par aucun règlement administratif, est passible de la taxe à raison de cette voiture, alors même qu'il ne l'attelle qu'à l'aide d'un cheval de louage. (25 mai 1861. — Chasles. — Eure-et-Loir.)

Même espèce : (7 septembre 1861. — Andrieu. — Tarn.)

39. — Ingénieur des ponts et chaussées. — Cheval réglementaire. — Voiture.

Un ingénieur des ponts et chaussées, à qui les règlements administratifs imposent l'obligation d'avoir un cheval, mais non une voiture, est imposable pour la voiture qu'il possède et qu'il attelle pour l'exercice de ses fonctions à l'aide du cheval réglementaire non imposable. (1er juin 1861. — Ester. — Gers.)

Même espèce : (1er décembre 1861. — Lemaire. — Oise.)

40. — Maître de poste. — Chevaux et voitures réglementaires.

Un maître de poste qui possède une voiture et deux chevaux, en conformité des règlements sur le service des postes, n'est pas imposable pour la voiture et les chevaux dont il s'agit, alors même qu'il s'en sert pour son service personnel et celui de sa famille. (8 décembre 1861. — Embry. — Aude.)

41. — Sous-inspecteur des Enfants assistés du département de la Seine. — Cheval et voiture réglementaires.

Un sous-inspecteur du service des enfants assistés du départe-
ment de la Seine, qui est tenu, en vertu d'une circulaire du directeur général de l'Assistance publique, d'avoir un cheval et une
voiture pour l'exercice de ses fonctions dans les établissements si-
tués en province, est exempt de la taxe pour le cheval et la voiture qu'il possède à cet effet. (6 août 1861. — Finot. — Saône-et-
Loire.)

42. — Ville de Paris. — Voitures de gala.

Sont imposables les voitures dites de gala que possède la Ville
de Paris et dont elle fait un usage habituel dans des circonstances
déterminées. (16 septembre 1861. — Ville de Paris.)

EXEMPTIONS.

§ 2. — Fonctionnaires pouvant ou ne pouvant pas supporter l'usage du cheval qui leur est imposé réglementairement. — Voiture.

43. — Fonctionnaires ne pouvant supporter l'usage du cheval.

Un fonctionnaire qui, ne pouvant supporter l'usage du cheval
qu'il possède en conformité des règlements, l'attelle à une voiture
dont il est également propriétaire, pour le service public dont il
est chargé, n'est pas imposable pour la voiture ni pour le cheval
dont il s'agit. (31 mars 1861. — Labasque. — Finistère.)

Mêmes espèces: (11 juillet 1861. — Marly de Bernage. — Ar-
dennes ; 21 mars 1865. — Lasserre. — Haute-Garonne.)

NOTA. — Jurisprudence constante, confirmée par d'autres arrêts.

44. — Fonctionnaires ne justifiant pas qu'ils ne peuvent supporter l'usage du cheval.

Un fonctionnaire à qui les règlements administratifs imposent l'obligation d'avoir un cheval, mais non une voiture, est imposable pour la voiture qu'il possède et qu'il attelle à l'aide du cheval réglementaire, s'il ne justifie pas de circonstances particulières qui lui rendent indispensable l'usage d'une voiture pour l'exercice de ses fonctions. (18 août 1864. — De Saint-Paul. — Pyrénées-Orientales.)

Mêmes espèces: (20 août 1864. — Sirot. — Côte-d'Or ; 8 septembre. — De la Morinerie. — Marne ; Pissot. — Seine ; 9 septembre 1864. — Kiefer. — Vosges ; Bossu. — Cher; 15 décembre 1864. — Bruny. — Seine-Inférieure; 18 février 1865. — Dancausse. — Gers.)

EXEMPTIONS.

§ 3. — Ministres des différents cultes.

45. — Ecclésiastique n'exerçant pas les fonctions de ministre du culte.

N'ont pas droit à l'exemption pour les chevaux et les voitures qu'ils possèdent, un ecclésiastique, un supérieur d'un établissement religieux, un supérieur d'une communauté de prêtres, etc., qui n'exercent pas les fonctions de ministres du culte. (4 mai 1864. — Isabet. — Manche ; 28 janvier 1865. — Truel. — Aveyron; 23 mars 1865. — Yvelot. — Manche.)

EXEMPTIONS.

§ 4. — Animaux de reproduction. — Juments et étalons.

46. — Usage mixte.

Sont imposables les juments et étalons qui ne sont pas exclusivement consacrés à la reproduction, et sont habituellement employés pour l'attelage de voitures affectées au service personnel du propriétaire.(7 septembre 1864.—Arnous-Rivière.—Loire-Inférieure.)

Mêmes espèces: (8 septembre 1864. — Garreau de Balzan. — Deux-Sèvres; 9 décembre 1864. — Peretti. — Corse.)

47. — Chevaux de course employés à la reproduction.

Sont imposables les chevaux de course qui sont employés à la reproduction. (12 janvier 1865 et 25 février 1865. — Bienave, de Montz. — Landes.)

EXEMPTIONS.

§ 5. — Agriculteurs. — Faits constituant l'emploi partiel à l'agriculture des chevaux et voitures.

48. — Chevaux employés pendant la fauchaison, la moisson, la vendange.

Doit être considéré comme employé en partie à l'agriculture, le cheval d'un propriétaire qui est employé habituellement aux époques de la fauchaison, de la moisson et de la vendange. (6 août 1864. — Lefebvre. — Côte-d'Or.)

49. — Chevaux employés au drainage.

Doivent être considérés comme étant utilisés en partie pour l'agriculture, et, dès lors, comme n'étant pas imposables, les chevaux qu'un propriétaire emploie à des travaux de drainage exécutés dans ses propriétés. (11 mai 1864. — Delahaye. — Calvados.)

50. — Transport périodique de denrées au marché d'une localité.

Doit être considérée comme employée en partie à l'agriculture et être exemptée de la taxe, la voiture employée par le propriétaire à transporter périodiquement au marché d'une localité les produits de son exploitation rurale. (30 mars 1865. — Veuve Naudin. — Seine-et-Marne.)

51. — Transport des denrées et courses dans les foires et marchés.

Doivent être considérés comme étant employés en partie à l'agriculture et être exemptés de la taxe, les chevaux et voitures employés habituellement par les propriétaires, soit pour le transport des denrées provenant de leurs récoltes, soit pour les courses que leur culture les oblige de faire, dans les foires et marchés des environs. (25 mai 1861. — Gourrague, Mombes et autres. — Gers.)

Mêmes espèces: (1er juin 1861. — Dutemps de Grez. — Tarn-et-Garonne ; 8 décembre 1861. — Mérigot. — Tarn-et-Garonne ; 10 janvier 1865. — Mangin. — Vosges.)

52. — Surveillance des travaux d'exploitation et d'améliorations entrepris sur un domaine.

Doivent être considérés comme employés en partie à l'agriculture le cheval et la voiture qui servent au propriétaire d'un domaine, en partie pour son usage personnel ou pour celui de sa famille, et en partie pour les *déplacements fréquents*, qu'exige la surveillance des travaux d'exploitation et d'amélioration entrepris sur ce domaine, situé à quinze kilomètres de la résidence. — (8 décembre 1861. — Duval. — Corrèze.)

53. — Déplacements qu'exige l'exploitation de propriétés situées dans plusieurs communes.

Doit être considérée comme employée en partie à l'agriculture la voiture qui sert à un propriétaire, en partie pour son usage personnel ou pour celui de sa famille, et en partie pour les déplacements qu'exige l'exploitation de propriétés situées dans plusieurs communes. (1er juin 1861. — Marin. — Vaucluse.)

Mêmes espèces: (11 mai 1861, Faucompré. — Doubs (Deux domaines) ; 1er juin 1861. — Dame Bœuf. — Gard, domaine considérable. — Transport de la ville au domaine.)

54. — Surveillance de propriétés exploitées par des colons partiaires.

Doit être considérée comme employée en partie à l'agriculture la voiture employée par un propriétaire à des déplacements fréquents, ayant pour objet la surveillance de propriétés exploitées par des colons partiaires. (11 juillet 1861. — Martinenq. — Alpes-Maritimes.)

55. — Pépiniériste. — Emploi d'une voiture à l'exploitation des pépinières et au transport des produits.

Une voiture employée à l'exploitation des pépinières et jardins d'un pépiniériste et au transport de leurs produits, doit être considérée comme affectée à l'usage agricole dans le sens de la loi. (18 février 1865. — Sabut. — Hérault.)

EXEMPTIONS.

§ 6. — Faits l'excluant.

56. — Transport de la famille de la résidence au domaine.

Une voiture qui sert exclusivement à transporter la famille d'un propriétaire du lieu de sa résidence à son domaine, doit être considérée comme n'étant pas employée en partie, dans le sens de la loi, au service de l'agriculture, et est par conséquent passible de la taxe. (1er juin 1861. — Pichon-Prémolé. — Orne.)

57. — Surveillance accidentelle de propriétés.

Le propriétaire qui emploie ses chevaux et voitures pour son service personnel ou pour celui de sa famille, et qui, possédant un domaine à trois kilomètres de la ville où il réside, se sert des mêmes chevaux et voitures pour se faire *quotidiennement* conduire à ce domaine et pour en revenir, ne doit pas, pour cette dernière circonstance, être considéré comme employant ses chevaux et voitures, *même en partie*, à l'agriculture. (6 août 1861. — Veuve Durat-Lasalle. — Tarn-et-Garonne.)

58. — Surveillance de propriétés placées déjà sous la surveillance d'un régisseur.

Ne doivent pas être considérés comme affectés en partie au service de l'agriculture, les chevaux et voitures possédés par un propriétaire qui les emploie habituellement à son service personnel et s'en sert pour aller visiter des propriétés dont l'exploitation est dirigée par un régisseur. (8 décembre 1864. — De Malleville. — Tarn-et-Garonne.)

59. — Surveillance accidentelle de propriétés.

La circonstance qu'une voiture habituellement employée au service personnel du propriétaire ou à celui de sa famille, servirait accidentellement à ce propriétaire pour se rendre dans ses propriétés, n'est pas suffisante pour la faire considérer comme employée en partie, dans le sens de la loi, au service de l'agriculture. (8 décembre 1861. — Rafine-Péduran. — Tarn-et-Garonne.)

Même espèce: (8 décembre 1861. — Bergis. — Tarn-et-Garonne.)

60. — Transport accidentel de terres ou de fumiers.

La circonstance que les chevaux attelés à la voiture dont se sert le propriétaire pour le service de sa personne ou celui de sa famille, seraient quelquefois employés à des transports de terres ou de fumiers, n'est pas de nature à faire considérer lesdits chevaux comme étant employés en partie, dans le sens de la loi, au service de l'agriculture. (11 janvier 1865. — Deslieux. — Gers.)

61. — Transport des fruits et légumes d'un jardin.

Une voiture habituellement employée au service de la personne ou de la famille du propriétaire, ne saurait être considérée comme affectée en partie, dans le sens de la loi, à l'agriculture, parce qu'elle servirait *parfois* au transport des fruits et légumes du jardin de ce propriétaire. (25 février 1865. — Teste. — Gers.)

62. — Transport accidentel de denrées agricoles au marché d'une ville.

Une voiture habituellement affectée au service personnel du propriétaire ne saurait être considérée comme utilisée en partie, dans le sens de la loi, pour le service de l'agriculture, parce qu'elle servirait *quelquefois* à transporter des produits de l'exploitation agricole au marché d'une ville. (18 août 1861. — De Kergos. — Finistère.)

Mêmes espèces : (10 janvier 1865. — Bougrain ; 30 mars 1865. — Faure. — Haute-Marne.)

63. — Transport de bois à l'usage du propriétaire.

Le propriétaire dont les chevaux sont spécialement affectés à son service personnel ou à celui de sa famille, n'est pas fondé à prétendre que lesdits chevaux seraient employés en partie, dans le sens de la loi, au service de l'agriculture, parce qu'ils serviraient à transporter les bois destinés à son usage. (11 mai 1861. — De Tristan. — Loiret.)

64. — Travaux agricoles. — Usage accidentel.

Ne doit pas être considéré comme affecté en partie, dans le sens de la loi, au service de l'agriculture, un cheval habituellement employé au service personnel du propriétaire, et qui serait utilisé *quelquefois* à des travaux agricoles. (3 février 1865. — Veuve Corbin. — Deux-Sèvres.)

Même espèce : (25 mars 1865. — Pistollet de Saint-Fergeux. — Haute-Marne.)

65. — Courses dans les foires et marchés. — Justification non faite de l'emploi dans l'intérêt de l'exploitation agricole.

Le propriétaire qui emploie habituellement sa voiture à son service personnel ou à celui de sa famille n'est pas fondé, par la seule raison qu'il se servirait de sa voiture pour se transporter sur les foires et marchés, à prétendre que ladite voiture est affectée en partie au service de l'agriculture, s'il ne justifie pas que ces déplacements ont lieu dans l'intérêt de son exploitation agricole. (12 janvier 1865. — Lamouroux. — Loiret.)

66. — Propriétaire ne dirigeant pas personnellement l'exploitation de ses propriétés.

Ne doit pas être exemptée comme employée en partie au service agricole, la voiture possédée par un propriétaire qui ne cultive pas ses propriétés par lui-même, et n'en dirige pas personnellement l'exploitation. (25 mai 1864. — Puntoux. — Haute-Garonne.)

§ 6 bis. — Chevaux exclus de l'exemption.

---

67. — Chevaux de course.

Sont imposables les chevaux qui sont *exclusivement* employés comme chevaux de course ou en partie à la reproduction. (9 septembre 1864. — Verry; 18 janvier 1865. — Biénave; 23 février 1865. — du Montz.)

EXEMPTIONS.

---

§ V. — Patentables. — Cas spéciaux.

---

68. — Agent d'assurances non mutuelles.

L'agent d'une Compagnie d'assurances non mutuelles, non imposable à une patente personnelle, est passible de la taxe pour les chevaux et voitures qui sont sa propriété et non celle de la Compagnie patentée, alors même que ces chevaux et voitures sont employés au service de la profession de la Compagnie. (18 février 1865. — Leguay; 18 février 1865. — Pagès; 21 mai 1864. — Auguet. — Indre.)

69. — Associé d'une maison de commerce. — Voiture attelée à l'aide de chevaux appartenant à la société. — Usage simultané des chevaux pour cette voiture et pour celle de la société.

L'associé d'une maison de commerce qui est propriétaire d'une voiture servant à son usage personnel et à laquelle il attelle des chevaux appartenant à la société, doit être considéré comme ayant une voiture attelée dans le sens de la loi, bien que les chevaux soient également employés à l'attelage d'une autre voiture possédée par la société. (21 avril 1861. — Schlumberger. — Haut-Rhin.)

70. — Aubergiste. — Transport de fourrages.

N'est pas imposable le cheval possédé par un aubergiste, qui l'emploie au transport, dans son auberge, des fourrages nécessaires aux chevaux des voyageurs qu'il loge. (11 mai 1861. — Bader. — Haut-Rhin.)

71. — Avocat. — Voiture pour se rendre au palais de justice.

La circonstance qu'un avocat se sert de la voiture et des chevaux qu'il possède pour se rendre au palais de justice, ne suffit pas pour faire considérer cette voiture et ces chevaux comme affectés en partie, dans le sens de la loi, à l'exercice de la profession. (13 septembre 1861. — Chéron. — Seine.)
Même espèce : (13 septembre 1861. — Mariage. — Seine.)

72. — Avoué. — Usage accidentel.

La circonstance qu'un avoué emploierait sa voiture dans quelques voyages relatifs aux affaires de sa profession ne constitue qu'un usage accidentel qui ne suffit pas pour faire considérer ladite voiture comme employée en partie, dans le sens de la loi, à l'exercice de la profession. (6 août 1861. — Gambart. — Somme.)
Même espèce : (1 août 1861. — Francheterre. — Loiret.)

73. — Banquier. — Usage accidentel.

Ne doivent pas être considérés comme employés, même en partie, à l'exercice de la profession, dans le sens de la loi, la voiture et le cheval possédés par un banquier, qui ne les emploie que d'une manière accidentelle pour opérer des recouvrements. (15 juin 1864. — Bertrand. — Marne.)

Même espèce : (8 septembre 1864. — de Montlovier. — Drôme.)

74. — Commis-voyageur ou agent d'une maison de commerce.

Le commis ou agent d'une maison de commerce ou d'une société sujette à patente est personnellement imposable pour les voitures et chevaux possédés par lui et employés exclusivement ou en partie au service des professions patentées. (25 mai 1864. — Auguet. — Indre. — 11 janvier 1865. — Broussignac. — Tarn-et-Garonne. — 18 février 1865. — Leguay et Pagès.)

75. — Greffier d'une justice de paix. — Usage accidentel.

La voiture accidentellement employée par un greffier de la justice de paix pour l'exercice de ses fonctions ne saurait, à raison de cette circonstance, être considérée comme affectée en partie, dans le sens de la loi, à l'exercice de la profession patentée. (7 septembre 1864. — Tixier-Brassier. — Puy-de-Dôme.)

76. — Médecin. — Usage accidentel. — Pluralité de voitures.

Un médecin qui a été exempté de la taxe pour ses chevaux et pour une voiture considérés comme servant à l'exercice de sa profession, n'est pas fondé à prétendre à l'exemption d'une seconde voiture possédée par lui et employée habituellement à son usage personnel ou à celui de sa famille, par le motif que cette voiture ne serait pas attelée, du moment qu'elle n'est attelée qu'à l'aide de chevaux exemptés de la taxe. (18 août 1864. — Chicoyne. — Indre-et-Loire.)

77. — Médecin inspecteur d'un établissement thermal, non domicilié dans la localité où est situé l'établissement.

Le médecin inspecteur d'un établissement thermal, possesseur d'une voiture et de chevaux dont la destination habituelle consiste à le transporter de la ville de son domicile dans la localité où est situé l'établissement, doit être considéré comme employant cette voiture et ces chevaux à l'exercice de sa profession. (18 août 1864. — Rérolle. — Saône-et-Loire.)

78. — Médecin. — Pluralité de voitures. — Usage alternatif de deux voitures pour le service de la profession et simultané pour le service du propriétaire ou de la famille.

Le médecin qui emploie alternativement, pour l'exercice de sa profession, deux voitures d'espèces différentes, est exempt de la taxe pour les voitures et chevaux affectés à cet usage, alors même qu'il se sert habituellement de l'une de ces voitures et de l'un de ces chevaux pour le service de sa personne ou de sa famille. (21 avril 1861. — Calemard de la Fayette. — Haute-Loire.)

Mêmes espèces : (1er juin 1861. — Desplanque. — Pas-de-Calais; 7 septembre 1861. — Picou, Mayenne et Lefresne. — Calvados.)

79. — Meunier. — Char à bancs sur ressorts.

Un meunier qui possède un char à bancs suspendu sur ressorts, qui est employé habituellement au transport des personnes et qui ne peut servir à transporter les produits de son industrie, n'est pas fondé à prétendre que cette voiture est affectée en partie au service de sa profession. (15 février 1861. — Weck. — Haut-Rhin.)

80. — Notaire. — Usage accidentel.

La circonstance qu'un notaire emploie quelquefois la voiture et le cheval qu'il possède au service de sa profession, n'est pas de nature, à raison de cet usage accidentel, à le faire considérer comme les affectant en partie, dans le sens de la loi, à l'exercice de sa profession. (20 juillet 1861. — Bérubé. — Finistère.)

Nota. — Dans l'espèce il était fait usage de la voiture pour la réception de dix-huit actes en moyenne sur neuf cent cinquante.

Mêmes espèces d'usage accidentel : (10 mars 1861. — Guichard. — Haute-Loire; 4 mai 1861. — Chanterre. — Gironde; 12 septembre 1861. — Tirard. — Calvados; 13 septembre 1861. — Deville. — Ardèche. — (Jurisprudence constante, consacrée par une multitude d'arrêts.)

81. — Notaire. — Emploi non justifié. — Double taxe.

Un notaire qui ne justifie d'aucune circonstance qui prouve que son cheval et sa voiture lui servent à l'exercice de sa profession, n'est pas fondé à réclamer contre la double taxe à laquelle il a été imposé à raison de ce cheval et de cette voiture non déclarés. (13 septembre 1861. — Corrard. — Seine.)

82. — Omnibus (entrepreneur d'). — Achat de chevaux et de fourrages dans les foires et marchés.

Doivent être considérés comme servant en partie à l'exercice de la profession, le cheval et la voiture possédés par un entrepreneur d'omnibus qui, employant ledit cheval et ladite voiture à son usage personnel et à celui de sa famille, s'en sert habituellement pour se rendre aux foires et marchés des environs, afin d'y acheter des chevaux et faire des approvisionnements de fourrages pour les besoins de son industrie. (11 mai 1861. — Montagnon. — Haut-Rhin.)

83. — Scierie mécanique (Exploitation de). — Usage accidentel.

Ne doivent pas être considérés comme employés, même en partie, dans le sens de la loi, à l'exercice de la profession, les chevaux et voitures possédés pour son usage personnel par un exploitant de scierie mécanique, qui se sert *accidentellement* des mêmes chevaux et voitures pour les besoins de son exploitation. (11 mars 1861. — Tristan. — Loiret.)

§ 7*bis*. — **Patentables.** — **Cas généraux.**

---

84. — **Déplacements exigés par l'exercice de la profession.**

Le patentable qui se sert de la voiture et du cheval (ou des voitures et des chevaux) qu'il possède pour les déplacements *exigés* par l'exercice de sa profession, doit être exempté de la taxe pour les attelages dont il s'agit.

30 mars 1864.	— Wickmann...	(Haut-Rhin),	marchand de bois en gros.
21 avril 1864.	— Bardol.....	Id.	marchand de bois en gros.
30 mars 1864.	— Fayolle....	Id.	commissionnaire en marchandises.
21 avril 1864.	— Courtois-Müntz	Id.	commissionnaire en marchandises.
21 avril 1864.	— Schlumberger.	Id.	fabricant de fécules.
30 mars 1864.	— Guthmann...	Id.	fabricant de pompes.
30 mars 1864.	— Gerbaut....	Id.	fabricant de produits chimiques.
30 mars 1864.	— Wagner....	Id.	marchand de vins en gros.
30 mars 1864.	— Thierry....	Id.	marchand de vins en gros.

NOTA. — Inutile de citer d'autres arrêts de l'espèce, qui se multiplient à l'infini.

85. — **Nécessité non établie de l'emploi des éléments imposables pour l'exercice de la profession.**

Le patentable qui possède deux chevaux dont l'un a été exempté comme servant à l'exercice de la profession, n'est pas fondé à réclamer la décharge de la taxe établie sur l'autre cheval, s'il ne prouve pas que ce second cheval lui est *nécessaire* pour le même objet. (20 juillet 1864. — Bommart; 14 juin 1864. — Couston. — Vaucluse.)

86. — **Surveillance d'établissements.** — **Nécessité établie.**

Le patentable qui se sert habituellement de sa voiture et de son cheval pour se rendre de son domicile à son établissement pour en surveiller l'exploitation, n'est pas imposable pour la voiture et le cheval dont il s'agit, lesquels doivent être considérés comme affectés en partie au service de la profession. (11 juillet 1864. — Thibaut. — Puy-de-Dôme. — 13 septembre 1864. — Courtin. — Seine.)

§ 8. — Mines (Exploitation de).

87. — Exploitant de mines prétendant que son industrie était soumise à des redevances représentatives des droits de patente.

L'exploitant de mines n'étant pas soumis à la patente, on ne doit pas considérer comme exempts de la taxe les chevaux et voitures employés par un des gérants de cette exploitation pour le service de celle-ci. (10 mars 1865. — Le Bret. — Nord.)

§ 9. — Réclamations.

88. — Qualité. — Fils réclamant contre la taxe inscrite au nom de son père.

Un fils n'a pas qualité pour réclamer contre la taxe inscrite au nom de son père, s'il ne justifie pas d'un mandat qui l'autorise à faire cette réclamation. (12 janvier 1865. — Capdeville. — Landes.)

89. — Conseil de préfecture. — Ultra petita.

Le conseil de préfecture excède ses pouvoirs, lorsqu'il accorde décharge à un contribuable de la taxe établie sur deux voitures attelées à l'aide de chevaux exemptés de la taxe, alors que le contribuable ne réclamait que contre l'imposition de l'une des deux voitures. (12 janvier 1865. — Benoît. — Charente-Inférieure.)

EXPOSÉ

DES CONSIDÉRATIONS QUI ONT DÉTERMINÉ LE CONSEIL D'ÉTAT
DANS LA SOLUTION DES QUESTIONS NON MOINS DIFFICILES QUE DÉLICATES
QUI ONT ÉTÉ SOUMISES A SA JURIDICTION.

Les difficultés qu'a soulevées devant le conseil d'État la solution
des questions soumises à sa juridiction, à la suite de l'application
de la loi concernant la contribution sur les voitures et les chevaux,
avaient été exposées par M. Aucoc, maître des requêtes, dans un
article publié en avril 1864 dans l'*École des communes*. Cet exposé
est accompagné d'explications qui font ressortir l'esprit de la géné-
ralité des arrêts dont nous avons présenté le résumé.

Nous ne pouvons mieux faire que de reproduire textuellement
cette intéressante étude :

§ I. — L'article 4 de la loi du 2 juillet 1862 a soulevé trois questions :

*1° Doit-on considérer comme voiture attelée une voiture qui n'est
attelée qu'avec un cheval de louage ou d'emprunt ?*

Dans le sens de la négative, on disait que le législateur de 1862
avait emprunté les mots de voiture attelée à la loi du 21 mai 1836
sur les chemins vicinaux, et qu'il avait entendu leur donner le sens
que leur donnait la jurisprudence du conseil d'État en matière de
prestations ; on ajoutait que plusieurs arrêts du conseil avaient
reconnu qu'un propriétaire qui n'a qu'une voiture et qui ne possède
pas de chevaux ne doit pas les prestations, lors même qu'il se sert
de sa voiture avec un cheval de louage ou d'emprunt.

Mais il été répondu (conclusions de M. Robert, commissaire du
Gouvernement) que, si l'exposé des motifs de la loi avait fait allu-
sion à la jurisprudence du conseil d'État, en matière de prestations,

c'était seulement en signalant les décisions qui établissent que, dans le cas où un propriétaire possède plusieurs voitures et un seul attelage, il ne doit être imposé que pour les voitures qu'il peut faire rouler *simultanément* avec le nombre de chevaux dont il dispose, et qu'on ne pouvait assimiler, à d'autres points de vue, la taxe des prestations et l'impôt sur les chevaux et voitures, qui n'ont pas le même caractère. On a fait remarquer que, pour le cas d'une voiture attelée avec un cheval de louage ou d'emprunt, la circonstance à laquelle il fallait s'attacher pour reconnaître si l'impôt était dû, c'était le caractère habituel ou accidentel de l'usage qui en était fait; qu'en effet, une voiture attelée accidentellement avec un cheval de louage ou d'emprunt n'est pas un signe de richesse ou d'aisance, et ne cause pas de dégradations sensibles aux routes; qu'ainsi le propriétaire de cette voiture n'est pas dans les conditions qui ont paru au législateur motiver l'établissement du nouvel impôt; qu'au contraire, celui qui se sert habituellement de sa voiture, même avec un cheval de louage, se trouve au point de vue des raisons qui motivent l'impôt, dans une situation très-analogue à celle du propriétaire qui possède en même temps une voiture et un cheval. C'est ce dernier système qui a prévalu.

2° Que doit-on décider si une voiture, servant exclusivement à l'usage personnel du propriétaire, est attelée avec un cheval qui n'est pas passible de la taxe?

Le conseil a résolu cette question comme la précédente et par la même distinction de l'usage habituel ou accidentel.

3° Cas où plusieurs voitures servent au moyen d'un même attelage.

Nous avons indiqué tout à l'heure la règle à suivre dans ce cas, d'après les déclarations faites au nom du Gouvernement. Le conseil d'État a refusé d'appliquer l'exemption à une voiture attelée au moyen de chevaux appartenant à une maison de commerce, dont le propriétaire était associé, par le motif que les chevaux et la voiture étaient possédés par des propriétaires différents (21 avril, *Schlumberger*). Cette solution confirme la règle, en refusant de l'appliquer à un cas pour lequel elle n'était pas faite.

§ II. — L'application de l'article 6 de la loi a soulevé plusieurs difficultés.

1° Quels sont les faits qui constituent l'usage d'une voiture pour le service de l'agriculture ou d'une profession donnant lieu à l'imposition d'une patente ?

Une voiture ne peut-elle être considérée comme employée au service de l'agriculture qu'à la condition d'être affectée à des transports de récoltes, de denrées ou de matériaux ? Non. Ainsi, un propriétaire qui, résidant à la ville, se transporterait fréquemment à une ferme dont il dirige l'exploitation pour exercer sa surveillance, devrait être considéré comme employant sa voiture pour le service de l'agriculture. Mais il faut que les circonstances qui peuvent motiver l'exemption soient bien caractérisées. Faute de justification sur ce point, l'exemption ne serait pas accordée.

La question s'est présentée également pour l'industrie. Dans plusieurs affaires, le ministre a soutenu que la voiture dont se servait le patentable ne devait pas être considérée comme employée au service de la profession, attendu qu'elle ne servait qu'au transport des personnes et non au transport des produits de l'industrie. Il semble que le conseil ait d'abord incliné à admettre cette doctrine dans la première des deux décisions que nous reproduisons aujourd'hui. (Il s'agit de l'affaire Week, n° 79, des arrêts analysés ci-dessus à la suite du commentaire.) Mais elle rencontrait de graves objections. En effet, elle aurait conduit jusqu'à entraver le refus de l'exemption pour toutes les personnes exerçant les professions libérales, les médecins notamment, qui ont cependant été désignés expressément, dans la discussion de la loi, comme devant profiter du bénéfice de l'exemption. D'ailleurs il est évident que dans certaines situations industrielles, les démarches nombreuses qu'exigent les affaires sont une partie de l'exercice de la profession. Aussi le conseil a-t-il repoussé, dans plusieurs décisions ultérieures, la pensée qui paraissait avoir inspiré la décision du 15 février 1861 (Week, n° 79). Mais, comme il est difficile, quand il s'agit d'une voiture affectée au transport de la personne, de reconnaître si l'on en fait usage pour l'exercice de la profession, le conseil exige qu'il soit *justifié* que la voiture est nécessaire. On ne peut déterminer, d'une manière générale quelles sont les catégories de professions pour lesquelles une voiture peut être considérée comme nécessaire; c'est là une question d'espèce.

En partant de cette idée qu'il faut que la voiture soit nécessaire pour l'exercice de la profession, le ministre a soutenu que, lorsque un patentable a deux voitures *qu'il emploie alternativement*, on ne peut considérer que les deux voitures lui soient nécessaires, et que, par suite, l'exemption ne peut être accordée que pour une. Mais le conseil n'a pas admis qu'on pût poser ici de règle générale. (Voir n° 78 des analyses des arrêts.)

2° Dans quelle proportion faut-il que les chevaux et voitures soient employés au service de l'agriculture ou de l'industrie, en même temps qu'un service personnel, pour que l'exemption puisse être accordée ?

La solution de cette question se trouve dans l'interprétation des mots dont se sert le législateur : « Les voitures et les chevaux qui seront employés *en partie* pour le service personnel et *en partie* pour le service de l'agriculture, etc. » Comment fallait-il entendre cette disposition ? Était-il nécessaire que l'un des deux emplois du cheval ou de la voiture fût aussi fréquent que l'autre ? Suffisait-il au contraire de certains faits accidentels d'emploi d'une voiture pour que l'exemption pût être réclamée. Le conseil s'est tenu à égale distance de ces deux extrêmes. Il n'admet pas que des faits accidentels d'emploi à l'agriculture ou à l'industrie puissent donner droit à l'exemption; il exige une certaine habitude de cet usage; mais il ne va pas plus loin, et se montre assez large dans l'appréciation de cette habitude.

Une décision du 21 avril porte « qu'il est établi par l'instruction que si, au 1er janvier 1863, la voiture et le cheval que possédait le sieur Planard servaient quelquefois à son usage personnel, ils étaient *principalement* employés à l'exploitation d'une propriété rurale. » Mais il ne faut pas tirer de cette rédaction une théorie, et croire que le conseil a voulu exiger que l'affectation à l'agriculture ou à l'industrie fût plus fréquente que l'emploi pour l'usage personnel. Le conseil a seulement constaté les faits tels qu'ils étaient, parce qu'il résultait de ces faits que le propriétaire avait incontestablement droit à l'exemption. Les autres décisions citées plus haut établissent qu'il suffit que l'usage soit habituel pour que l'exemption soit due.

§ III. — Chevaux et voitures possédés en conformité d'un règlement.

Aux termes de l'article 7 de la loi, pour qu'un fonctionnaire public puisse obtenir l'exemption de la taxe, il faut qu'il établisse l'existence d'un règlement administratif qui l'oblige à posséder les chevaux et voitures pour lesquels il demande décharge. Il ne suffit pas qu'il établisse qu'ils lui sont nécessaires pour l'exercice de ses fonctions. (Beaupré, n° 36 des Arrêts ci-dessus analysés.)

Mais à la suite de cette question, qui n'offrait pas de difficultés sérieuses, en présence du texte formel de la loi, il s'en est présenté une autre dont la solution était plus délicate.

Un fonctionnaire public, à qui un règlement administratif fait une obligation d'avoir un cheval, et qui possède, en outre, une voiture dont il se sert exclusivement pour l'accomplissement de ses fonctions, est-il fondé à demander l'exemption, non-seulement pour le cheval qu'il possède, mais aussi pour la voiture ? On peut dire, dans le sens de la négative, que la loi n'accorde l'exemption que pour les chevaux et voitures possédés en conformité des règlements du service, et que, si le règlement n'impose que l'obligation de posséder un cheval, la voiture dont le fonctionnaire trouve plus commode de se servir pour ses fonctions n'est pas possédée en conformité du règlement ; que, par suite, elle est imposable comme affectée à son usage personnel. Le conseil d'État ne s'est pas montré si rigoureux. Dans une affaire où il s'agissait d'un agent voyer qui était obligé, par un règlement départemental, de posséder un cheval, et qui, *ne pouvant à raison de l'état de santé supporter l'usage du cheval*, se servait d'une voiture pour remplir ses fonctions, le conseil a cru devoir accorder l'exemption. Mais il a mis en relief, dans sa décision, toutes les circonstances qui avaient contribué à amener une solution favorable ; et il ne faudrait pas, par conséquent, donner à cet arrêt une portée trop étendue. (Il s'agit ici de l'arrêt du 31 mars 1864, Labasque, analysé ci-dessus au n° 34.)

§ IV. — Pluralité de résidences. — Application de l'article 10 de la loi.

Des questions de fait se sont élevées sur l'application de l'article 10.

§ V. — Déclaration. — Application des articles 11 et 12.

Le conseil d'État n'a pas pensé que le texte impératif des articles 11 et 12 permit d'apprécier si le contribuable, qui avait omis de faire la déclaration à laquelle il est obligé ou qui l'avait fait d'une manière inexacte, avait pu échapper au doublement de la taxe à raison *de sa bonne foi.* (Voir les analyses des arrêts n°s 3 et 5.) On sait que la même jurisprudence est établie pour la taxe sur les chiens.

Il est arrivé que des particuliers, imposés d'après leur déclaration, ont demandé la décharge de l'impôt, en se fondant sur ce qu'ils se trouvaient dans un des cas d'exemption. Le conseil d'État a repoussé cette prétention qui aurait eu pour résultat d'enlever toute autorité à la base même de l'impôt. Il a décidé, comme il l'avait fait au sujet de la taxe sur les chiens, qu'un contribuable ne pouvait pas revenir sur sa propre déclaration. Toutefois, comme il y a des situations dans lesquelles l'application de la loi peut paraître embarrassante, le conseil a eu soin de réserver le cas où le contribuable, en faisant sa déclaration, aurait exposé ses doutes, et prétendu qu'il avait droit à l'exemption. (Voir l'analyse de l'arrêt n° 5. — *Level et autres.*)

Mais il ne faut pas oublier que, dans cette autorité attachée à la déclaration du contribuable, il y a un côté qui lui est avantageux. Ainsi, en matière de taxe sur les chiens, la jurisprudence du conseil a établi que la déclaration fait, en quelque sorte, foi jusqu'à preuve con...., et que c'est à l'Administration, qui conteste l'exactitude de ... déclaration, à prouver les faits qu'elle avance. Cette règle devra évidemment recevoir son application en matière d'impôt sur les chevaux et voitures.

TABLE DES MATIÈRES

COMMENTAIRE DE LA LOI DU 2 JUILLET 1862.

— 98 —

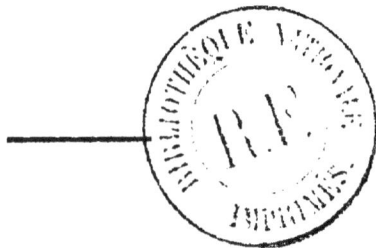

PARIS. — Imp. P. DUPONT, rue J.-J.-Rousseau, 41. 104.9.7

IMPRIMERIE ADMINISTRATIVE DE PAUL DUPONT

41 RUE J.-J.-ROUSSEAU HÔTEL DES FERMES.

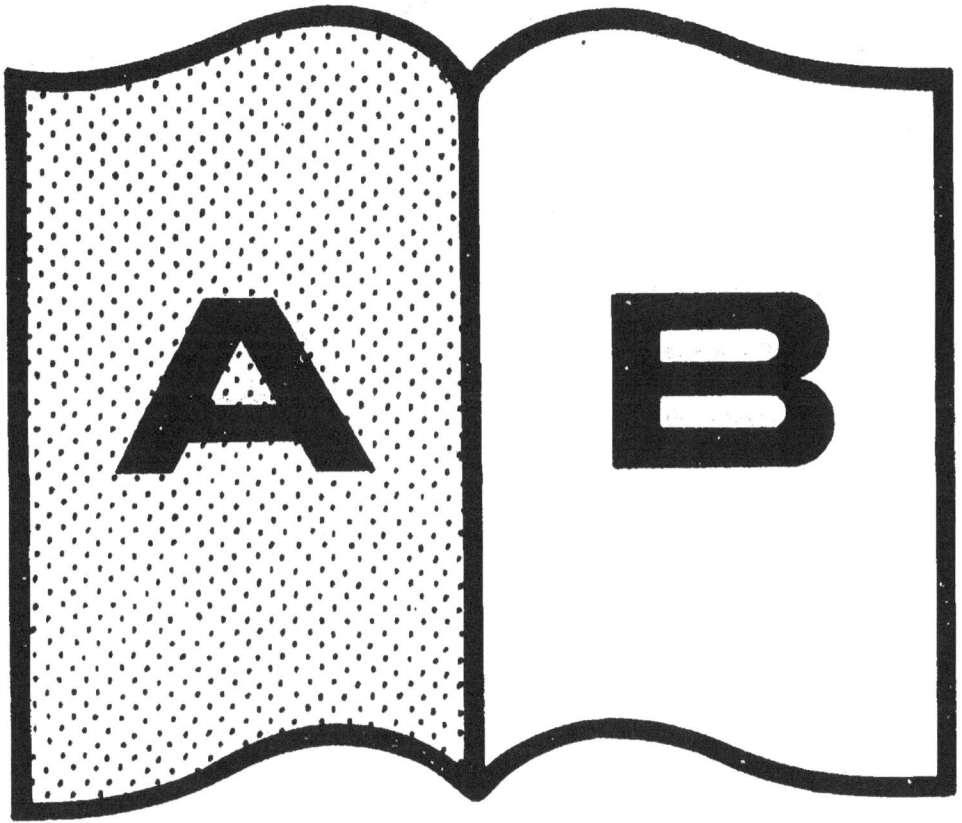

Contraste insuffisant

NF Z 43-120-14